Manos Creativas

PÁTINAS DE ENVEJECIMIENTO

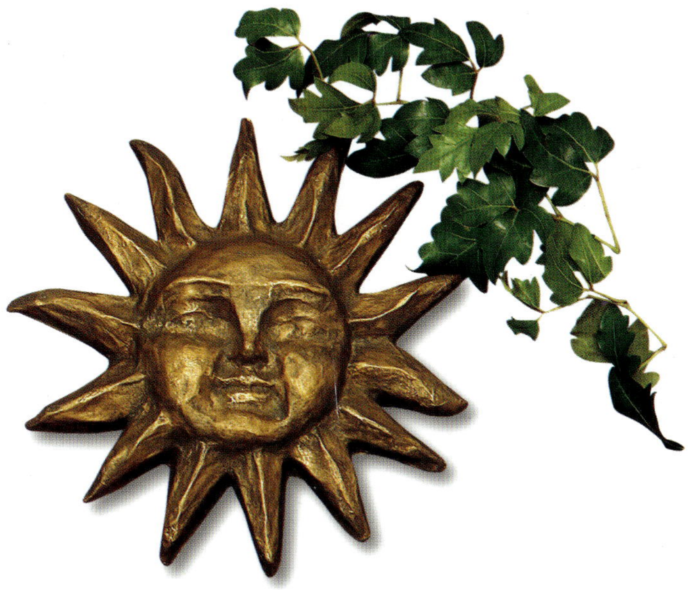

Parramón

Pátinas de envejecimiento

Dirección editorial: Mª Fernanda Canal
Textos y realización de ejercicios: Mª Victoria López Santacruz
Coordinación y corrección técnica: EPSAR, Escola Professional Superior d'Art i Restauració
Diseño gráfico y maquetación: Jordi Martínez i Bonifacio
Archivo ilustración: Mª Carmen Ramos
Dirección de arte: Jordi Martínez i Bonifacio
Estilismo: Adriana Berón
Fotografía: Estudio Salomó
Dirección de producción: Rafael Marfil

ISBN: 84-342-1760-0
Depósito Legal: B-25.063-2002

Cuarta edición: mayo 2002

Gran Via de les Corts Catalanes, 322-324
08004 Barcelona - España

Sumario

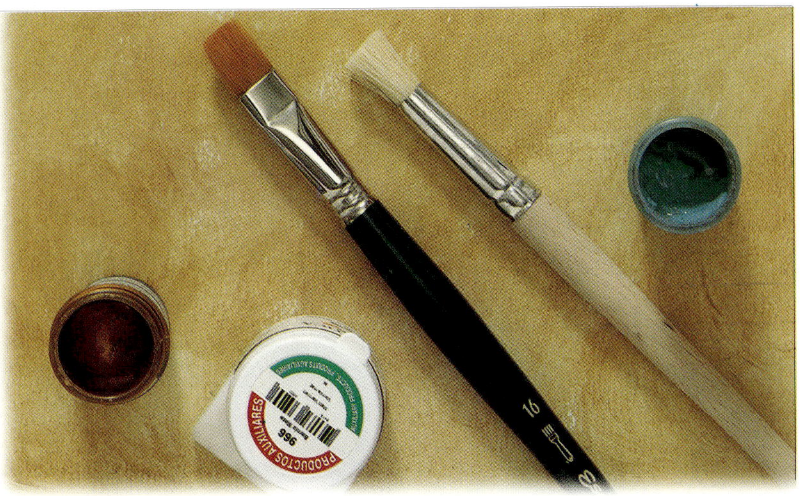

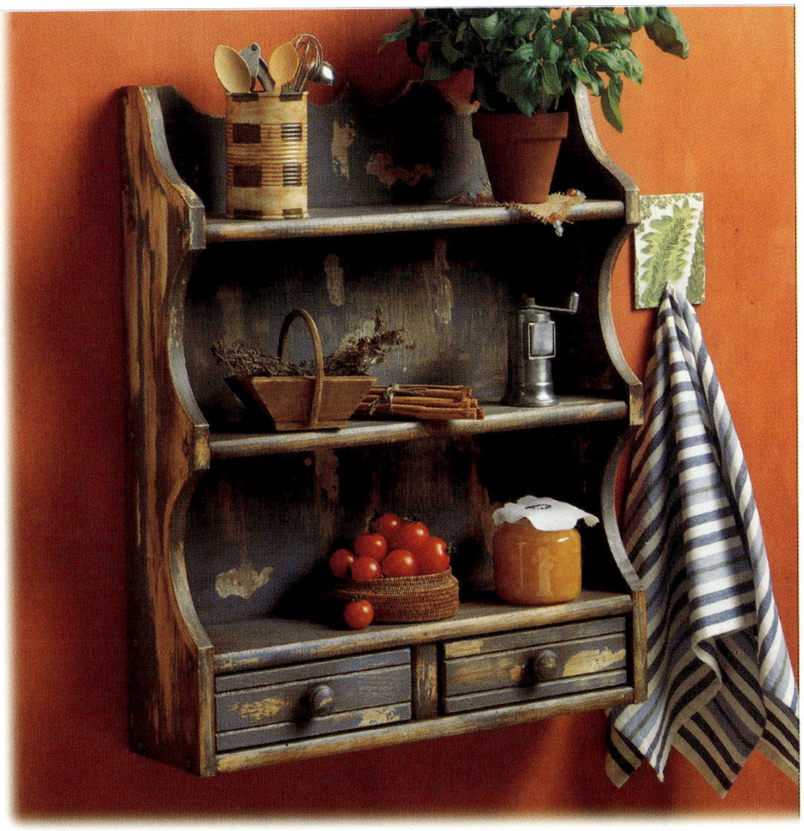

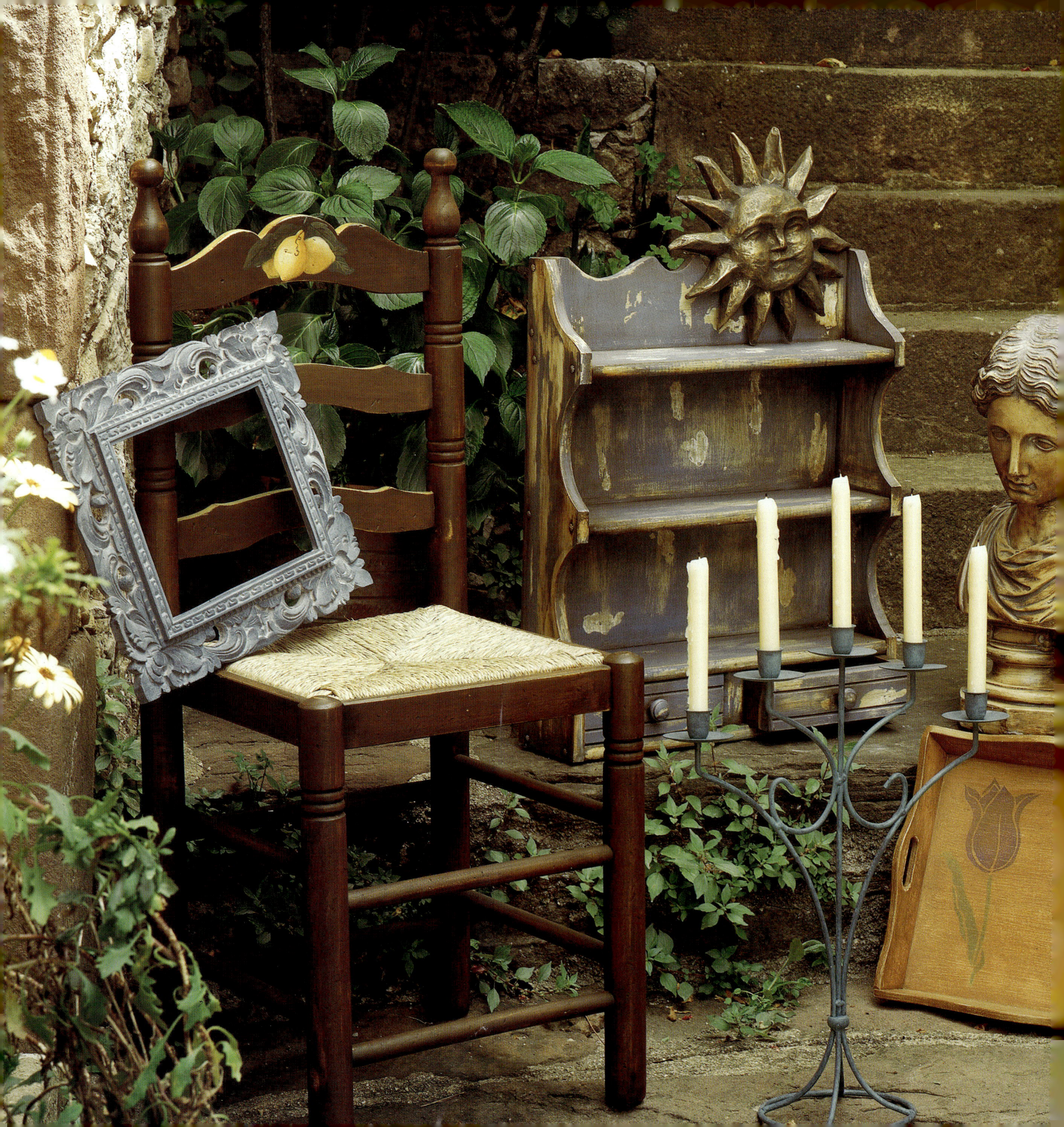

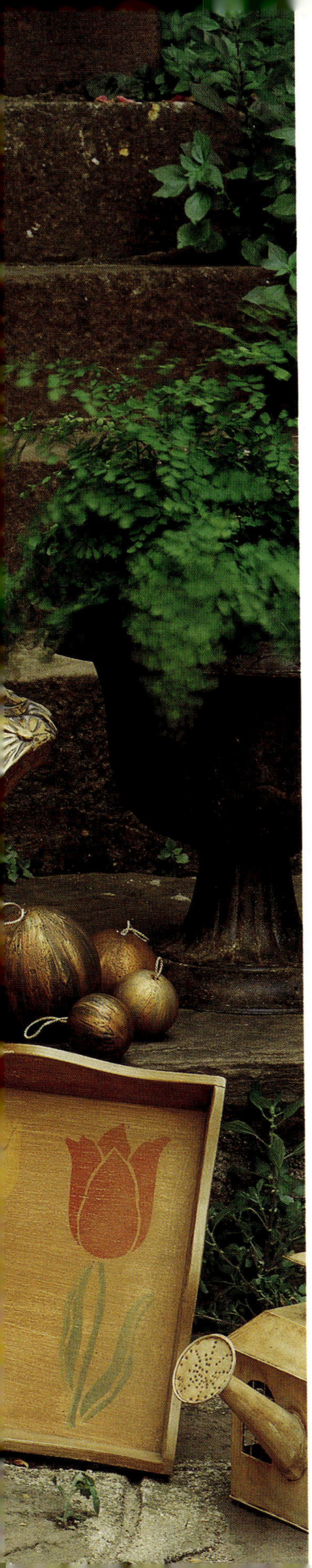

M.L.P.

Introducción

La experiencia adquirida con el transcurso de los años y como profesora de la escuela EPSAR me ha llevado a comprobar la gran inquietud de numerosas personas por aprender y descubrir nuevas formas y técnicas para embellecer los objetos.

En la actualidad se valoran las decoraciones personalizadas, así como las técnicas artesanales con las que se puede recuperar y mejorar el entorno cotidiano, haciéndolo sobre todo más acogedor.

Cuando hablamos de pátinas y envejecidos, nos referimos al color y a la textura que adquieren las superficies de un material por efecto del tiempo o de la erosión. En los ejercicios expuestos en el libro se describen las técnicas para conseguir diferentes resultados por medio de procedimientos decorativos. Estas técnicas proporcionarán un aspecto antiguo a las superficies tratadas, ya en forma de óxidos ya de efectos polvorientos.

Al elaborar este libro se ha tenido en cuenta la posibilidad de que muchas de las personas interesadas en él, tal vez carezcan de experiencia en la manipulación de pinturas, barnices u otros materiales. Esto no es un impedimento, ya que todos los ejercicios son de fácil realización. Con un poco de habilidad y siguiendo las pautas expuestas se pueden conseguir unos resultados sorprendentes y muy profesionales.

En el capítulo 1 se indican los materiales necesarios para poder llevar a cabo, con buen fin, los ejercicios del capítulo siguiente. En su mayoría estos materiales son fáciles de conseguir e, incluso, algunos de ellos son o han sido de uso doméstico. También se facilitan las explicaciones básicas para preparar algunas pátinas de envejecimiento, según los soportes que se utilicen: yeso, madera, metal, etc.

En el capítulo 2 se exponen los ejercicios que se han considerado más importantes, debidamente explicados mediante fotografías y comentados de forma sencilla.

Personalmente, espero que con la realización de estos proyectos, el lector adquiera confianza en su habilidad y se atreva a decorar objetos cada vez más elaborados y de mayores dimensiones, y sobre todo deseo que disfruten de sus ratos de ocio con la manipulación de las pinturas imprescindibles para llevarlos a cabo.

Mª Victoria López Santacruz

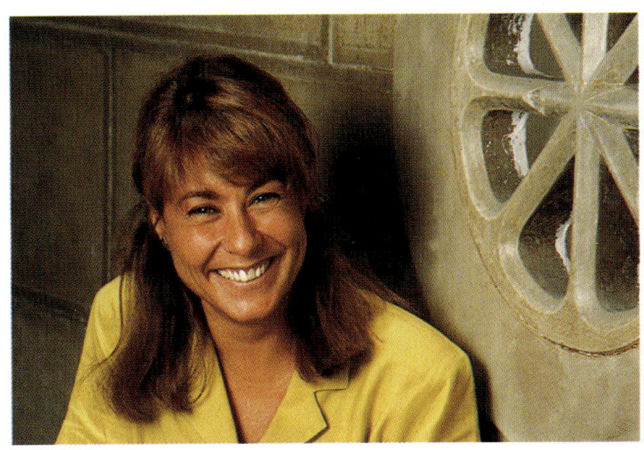

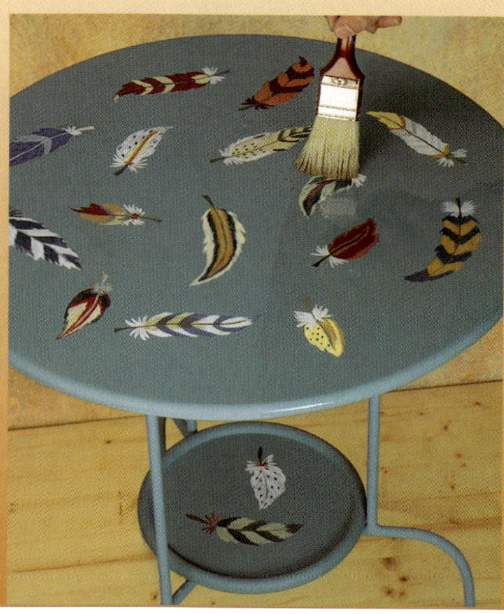

capítulo

1

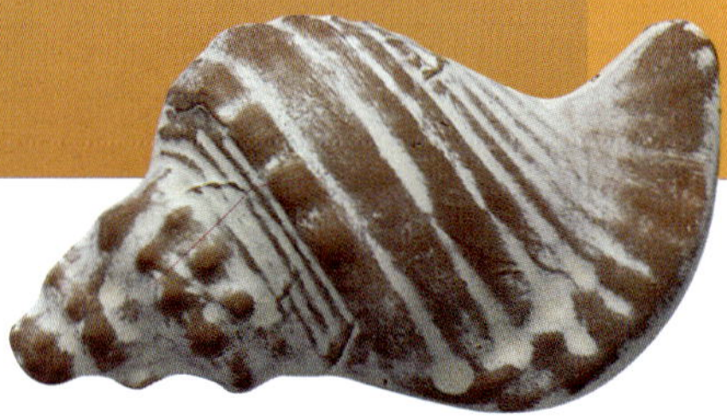

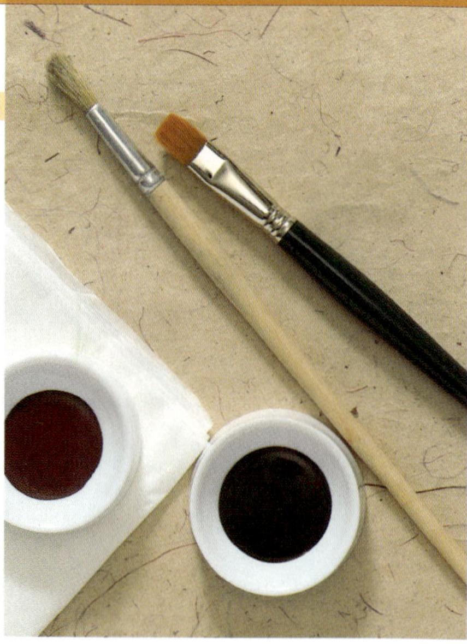

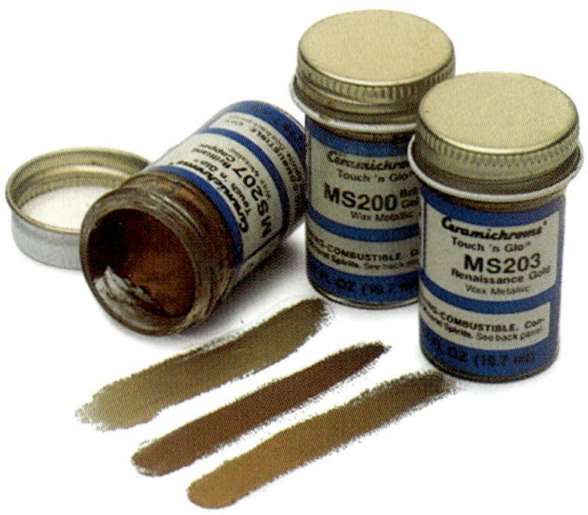

Procedimientos

Pinceles

Brochas

Pinturas

Limpieza

Preparación

Materiales

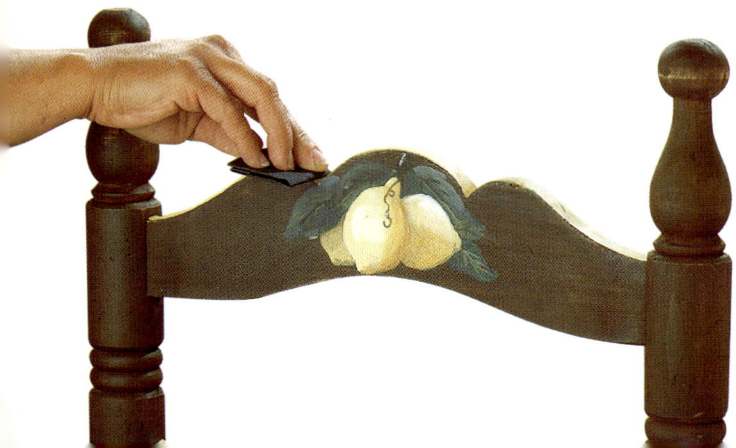

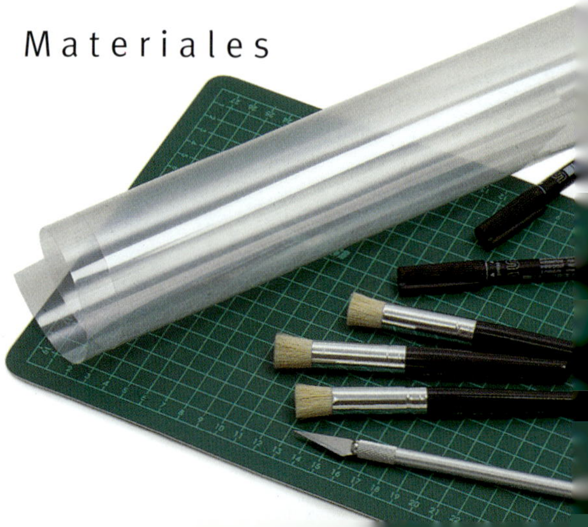

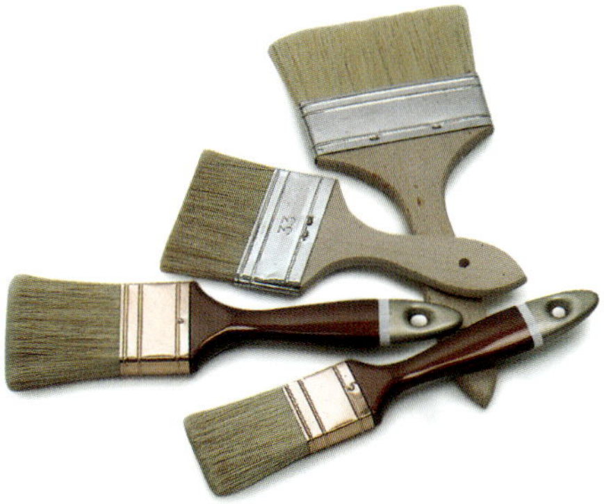

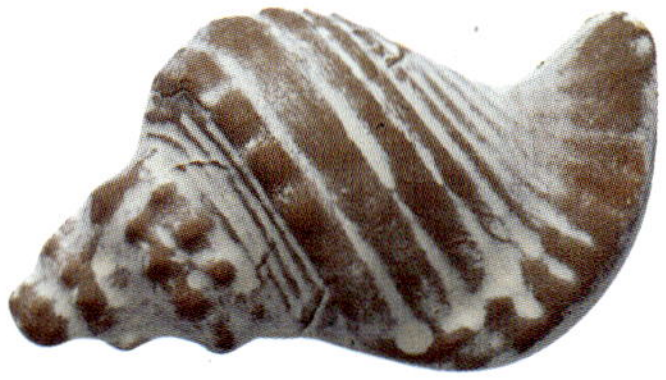

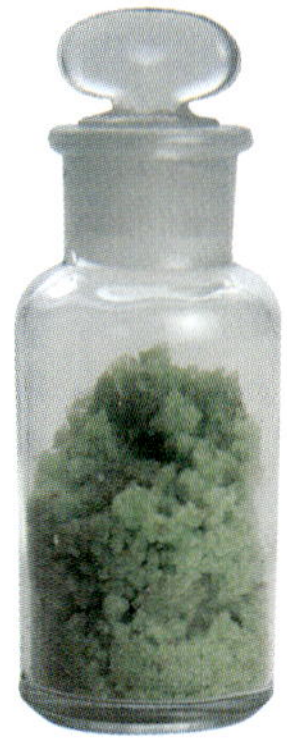

Procedimientos y Materiales

En las próximas páginas se incluye un resumen de los materiales y procedimientos más importantes para iniciarse en la técnica de las pátinas de envejecimiento.

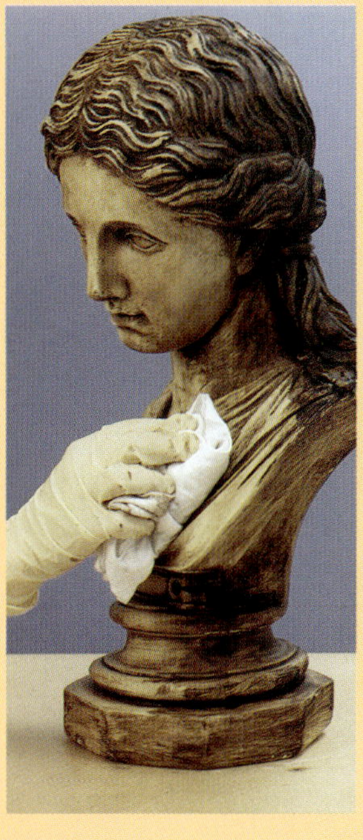

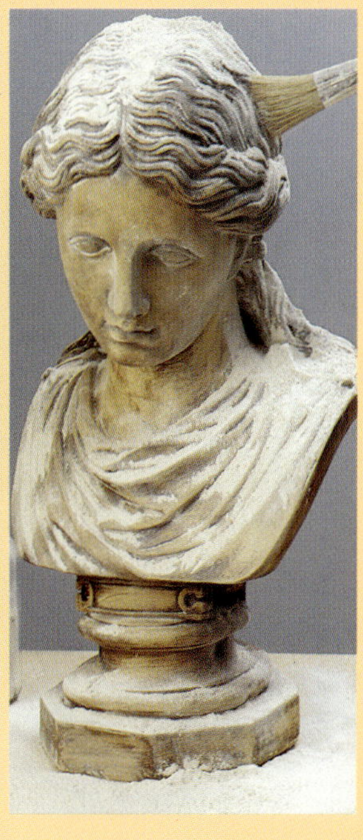

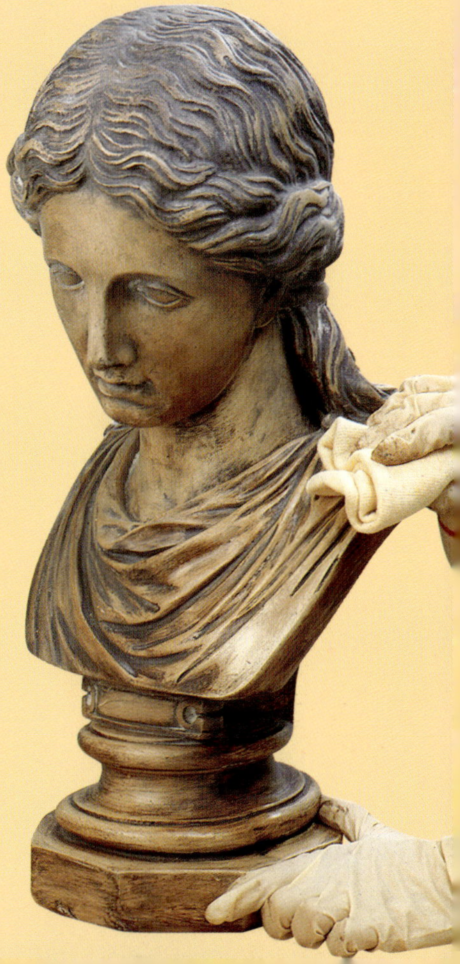

Materiales

Existe una gran variedad de pinceles y otros utensilios imprescindibles para conseguir distintos efectos y acabados. En este capítulo se muestra una amplia selección que facilitará la realización de los trabajos. Son materiales muy fáciles de encontrar en los establecimientos especializados en pinturas. Asimismo, se puede contar también con una serie de productos de uso muy común en todos los hogares.

Pinceles

En el mercado existe una gran gama de pinceles que pueden ser de pelo natural o de pelo sintético, que es el más económico. Se escoge su tamaño y su forma según el trabajo que tenga que realizarse y normalmente se utilizan para los trabajos más finos.

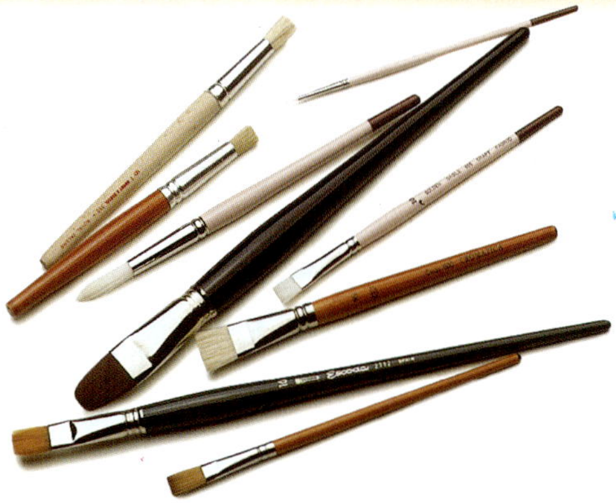

Brochas

Las brochas suelen ser de pelo de cerda y se usan sobre todo para extender selladoras y pinturas; algunas veces también para retirar el exceso de pátinas de envejecimiento.

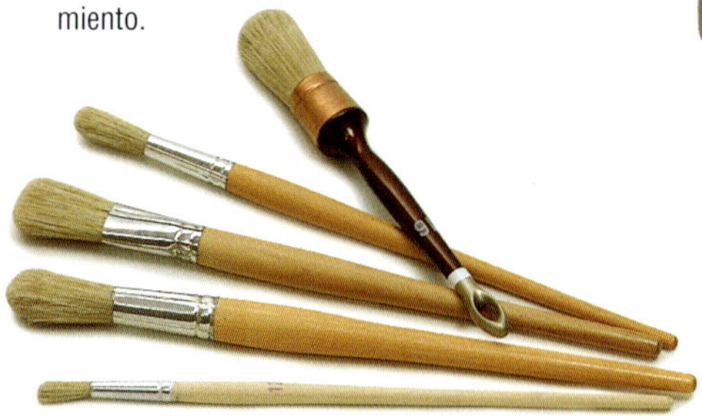

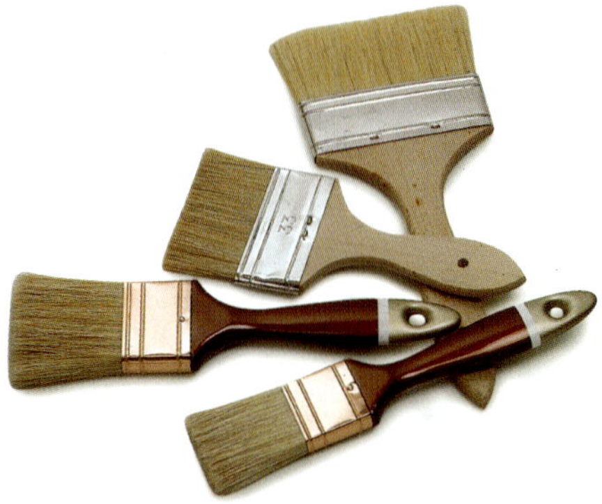

Paletinas

Las paletinas son pinceles planos que se fabrican con diversos anchos. Son muy útiles para acabados de barnices en grandes superficies y también para conseguir efectos de rayados. Cuando las paletinas son de pelo corto reciben el nombre de "perrillos".

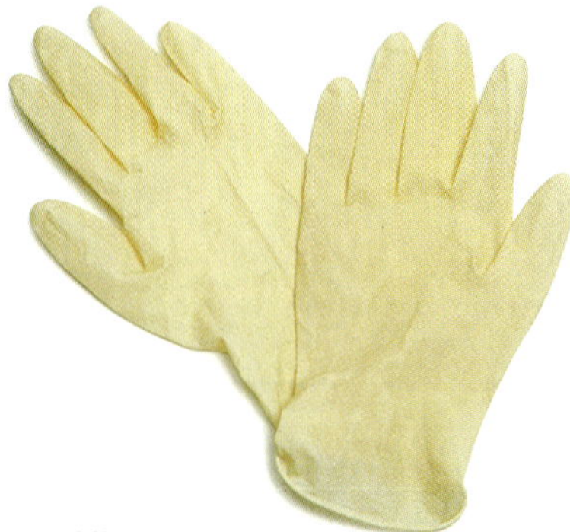

Guantes

Algunos productos son muy molestos de eliminar e incluso pueden ser tóxicos; por ello se recomienda el uso de guantes de látex siempre que se trabaje con ellos.

Lijas

Las lijas resultan indispensables tanto para conseguir efectos de desgaste como para obtener unos acabados suaves. En el mercado la variedad de lijas es enorme y pueden encontrarse con distintos tipos de grano: muy grueso, medio o fino, según el acabado que se precise. También se fabrican lijas al agua, que se utilizan mojadas para conseguir efectos muy suaves.

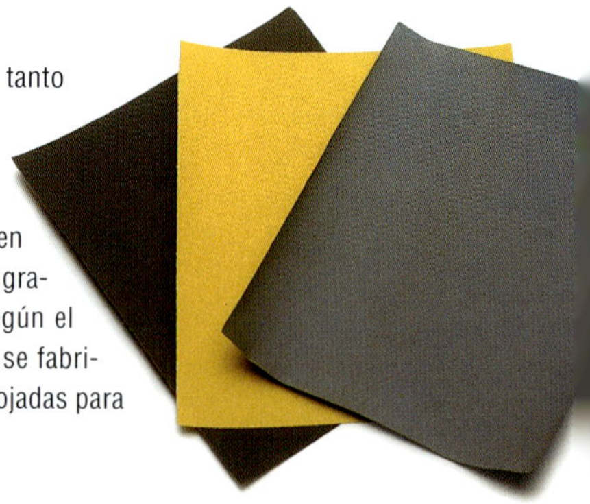

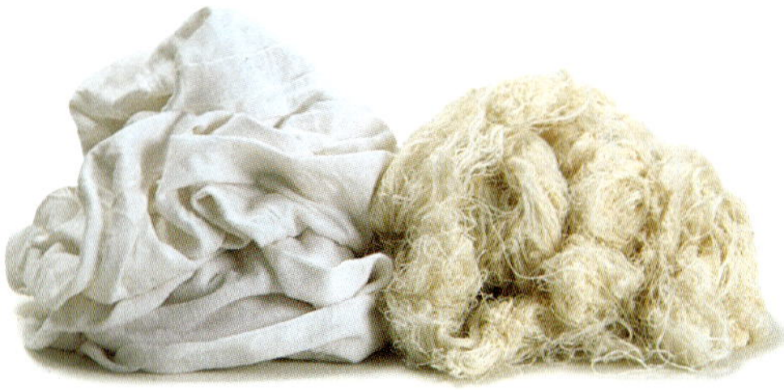

Trapos y cabos de algodón

Los trapos siempre son muy útiles para hacer este trabajo. Se recomiendan los de algodón, también pueden utilizarse camisetas viejas. Los cabos de algodón son muy manejables y absorbentes. Se usan para eliminar los excesos de pátina de envejecimiento, consiguiendo con ello distintos efectos decorativos.

Alcohol y amoníaco

El alcohol y el amoníaco tienen un gran poder desengrasante y son de gran utilidad para la limpieza de superficies. El alcohol puede utilizarse directamente en la limpieza de los objetos, aplicándolo con un trapo o un algodón. El amoníaco se rebajará con agua y puede aplicarse con la ayuda de un estropajo suave para la limpieza de piezas viejas y muy sucias. Con estos productos se debe trabajar siempre en una habitación aireada.

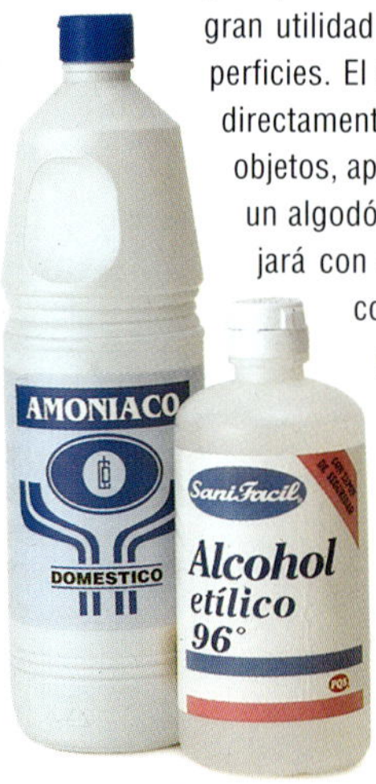

Selladora

La imprimación selladora es una emulsión de textura similar a la de una pintura, que ayuda a preparar superficies para que ésta quede mejor adherida y presente mayor resistencia. Hay distintos tipos de selladoras en el mercado, según las características de la superficie que se trabaje: hierro, latón, plástico, yeso, madera, etc. No obstante, existen algunas selladoras polivalentes, las llamadas multiuso, que pueden aplicarse en distintas superficies. También pueden encontrarse selladoras al agua, mucho más cómodas de utilizar, y selladoras sintéticas al aguarrás.

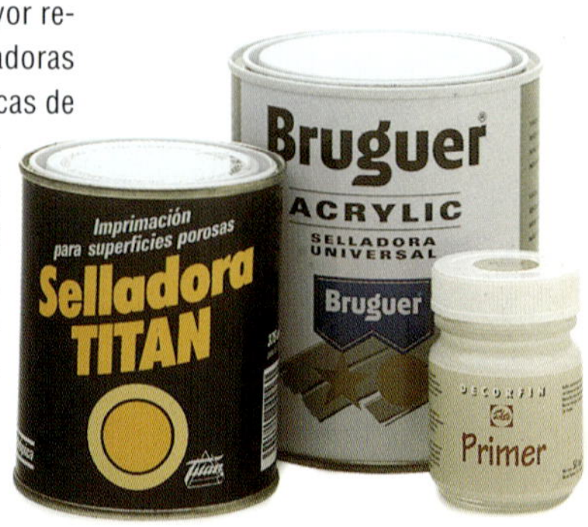

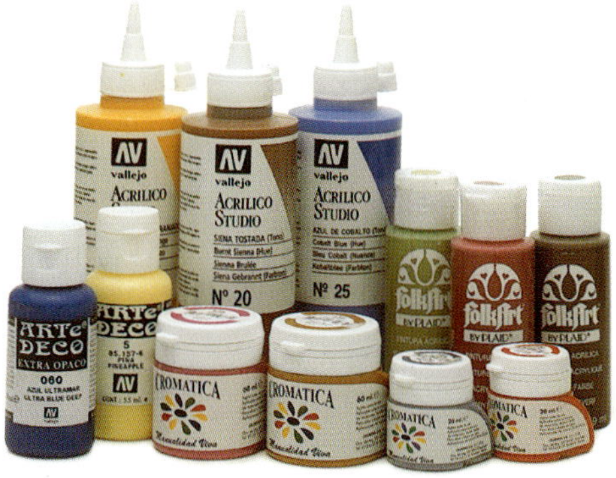

Pinturas acrílicas

Las pinturas acrílicas son pinturas al agua concentradas, con las que se obtienen colores sólidos y opacos. Son ideales para trabajarlas como base. Existen extensas gamas de pinturas acrílicas que los fabricantes recogen en cartas de color. También pueden mezclarse entre sí para conseguir distintos colores o tonos precisos, obteniendo así más variedad de colorido.

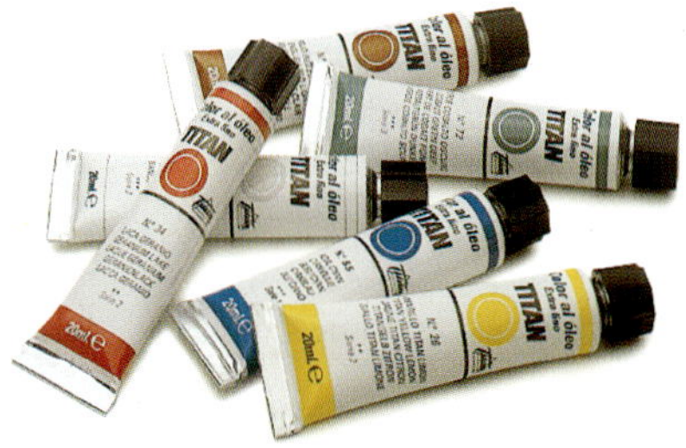

Pinturas al óleo

Las pinturas al óleo son de base oleosa y existe una gran variedad de colores, que se pueden mezclar entre sí. Disueltas en esencia de trementina o aguarrás y aceite de linaza o lino, son pinturas ideales para preparar pátinas de envejecimiento. Si se mezclan con secativo, se acelera su tiempo de secado.

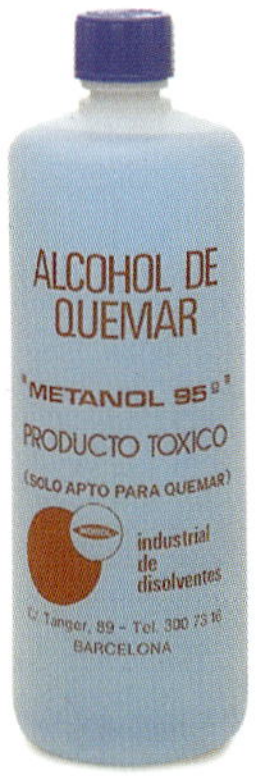

Alcohol de quemar

El alcohol de quemar se utiliza en algunos acabados como disolvente de pintura. Con la ayuda de un estropajo o lana de acero se frota disolviendo la pintura; de esta manera se crea un efecto de decapado.

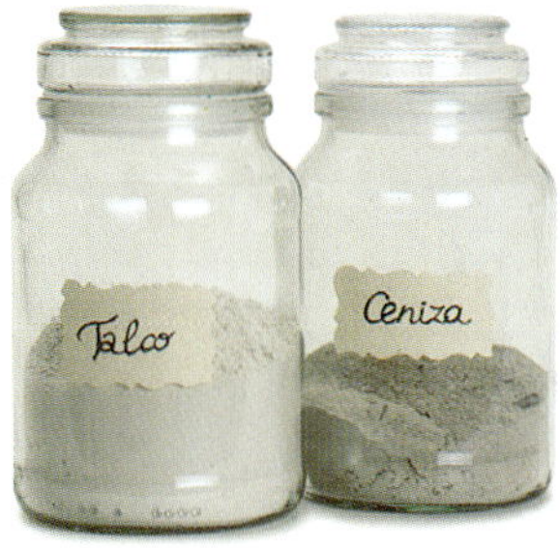

Talco y ceniza

Los polvos de talco son muy útiles para matizar los efectos de envejecido creados por la pátina de cera y betún. Con la ceniza se consiguen efectos polvorientos en los bajorrelieves de los objetos trabajados. Puede ser recomendable la utilización de ceniza de chimenea.

Pigmentos

Los pigmentos naturales tienen orígenes muy antiguos y son la base del color para la preparación de las pinturas. Los tonos terrosos se extraen de la tierra y sus nombres suelen dar referencia al lugar de donde proceden. Deben mezclarse con distintas colas aglutinantes, como por ejemplo el látex o PVA, para la preparación de pinturas o pátinas al agua; y con aceites o resinas, para pinturas o pátinas al óleo.

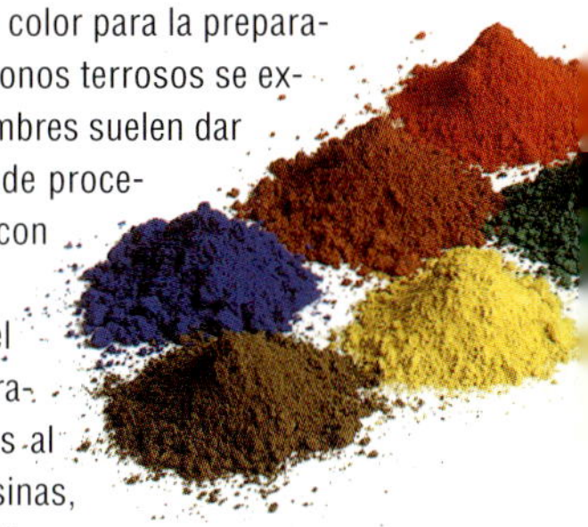

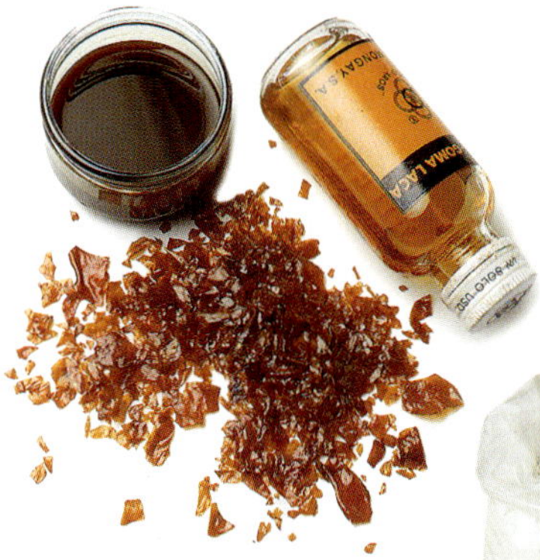

Goma laca

Se trata de un barniz al alcohol. Se utiliza como protección en acabados o como imprimación en resinas, escayolas, marmolinas, hierro y madera. Se encuentra en forma de escamas que se disuelven en alcohol y preparada en distintos tonos.

Betunes de Judea y Bruno Van Dyck

Se trata de las clásicas pátinas de envejecimiento, siendo el betún de Judea el más oscuro. Ambos ennegrecen las superficies, dándoles un aspecto de cálido envejecido. Se pueden aplicar a brocha o con cabos de algodón, trabajándolos con trapos. Si se mezclan con cera incolora, su tiempo de secado es mayor, lo que permite trabajarlos durante más tiempo. Se eliminan con cera incolora y aguarrás.

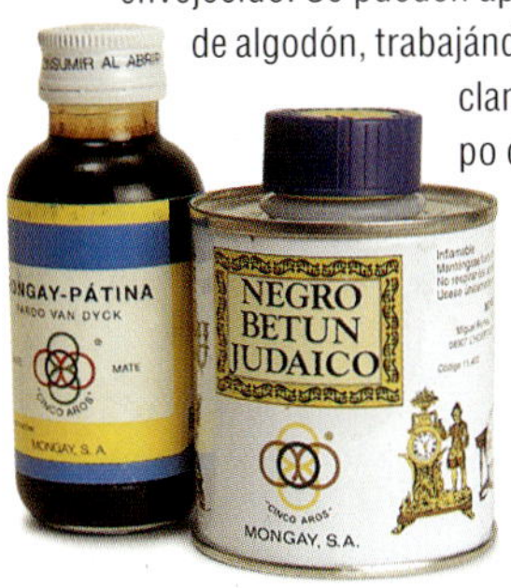

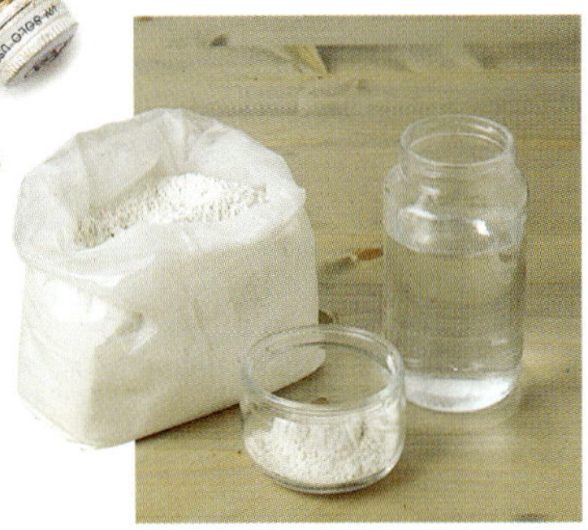

Masillas

Se suelen utilizar para tapar grietas y disimular pequeños defectos. Asimismo sirven para conseguir acabados finos en superficies rugosas, o efectos granulados en superficies lisas. Las masillas se encuentran en forma de polvo y se mezclan con agua hasta obtener la consistencia deseada. Pueden conseguirse comercializadas, ya preparadas y especiales para distintos tipos de superficies.

Preparación de la masilla

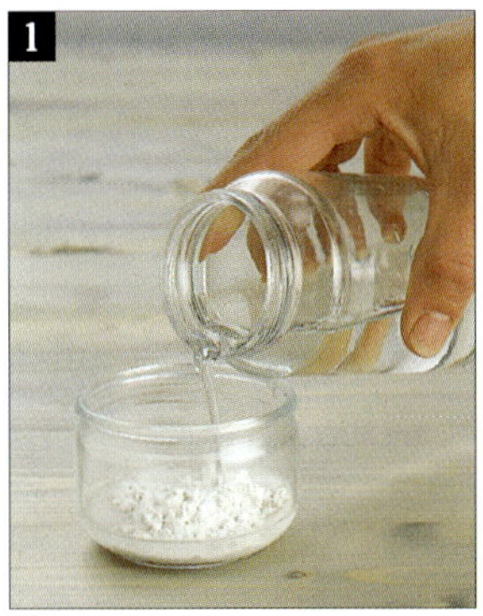

1. Añadir agua

Según la consistencia o fluidez deseada, la cantidad de agua será mayor o menor. Se añade agua a la masilla en polvo, en este caso dos volúmenes de agua por un volumen de masilla en polvo, para conseguir una masilla fluida.

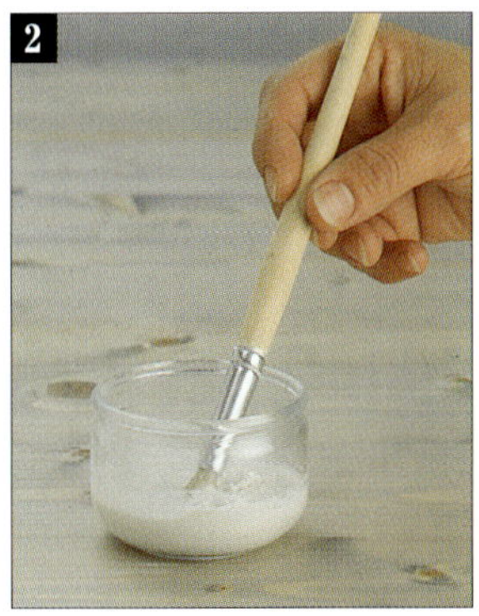

2. Remover

Se remueve hasta conseguir una textura sin grumos.

Limpieza y preparación

Antes de iniciar cualquier tipo de trabajo se tendrá en cuenta que debe dejarse preparada la superficie que se va a decorar. En este libro se utilizan como ejemplos de trabajo distintos tipos de soportes, ya sea plástico, madera, latón, resina, etc. También se facilitan unas normas básicas de cómo preparar estos materiales para su posterior decoración. Todas las superficies tienen que estar bien limpias de polvo o suciedad, para que la selladora, pátina o teñido tengan una buena adherencia. Esto es más fácil cuando se trabaja con objetos nuevos, ya que prácticamente sólo hay que preparar una superficie en buen estado.

También pueden decorarse objetos o muebles viejos con pinturas viejas o encerados como acabados. En estos casos, una minuciosa limpieza y lijado permitirán dejar preparada la superficie que se vaya a trabajar.

Metales

Los metales nuevos se limpian con alcohol para eliminar cualquier resto de suciedad y para que la imprimación selladora se adhiera mejor (1).

Si los metales están en mal estado, se lava y se lija toda la superficie para eliminar el óxido o los restos de pintura y barniz (2).

En cuanto a la imprimación selladora, existen en el mercado gran variedad de marcas especiales para metales también con función antioxidante. Se pueden emplear las llamadas multiuso, que se utilizan en diversos soportes (3).

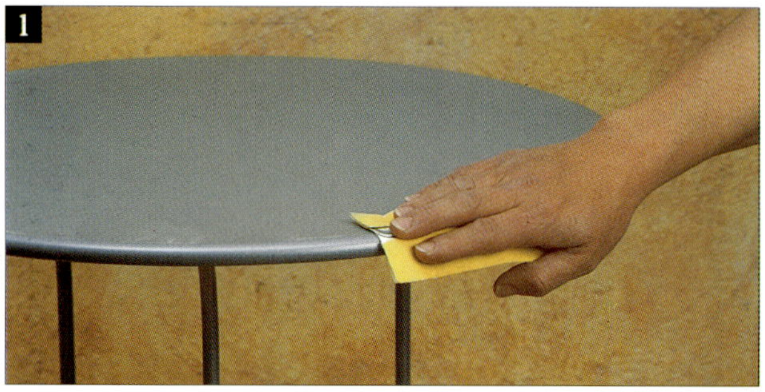

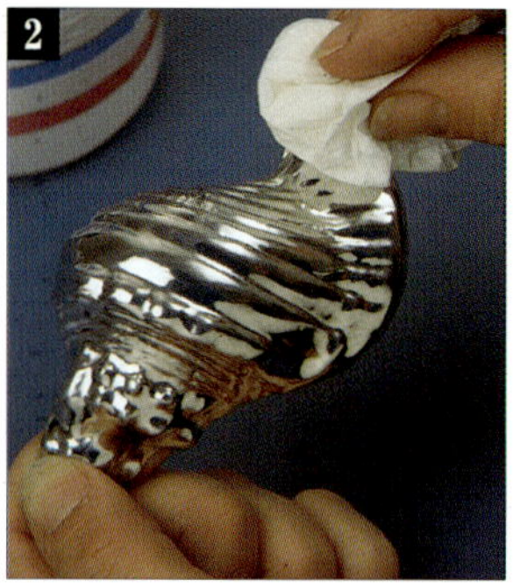

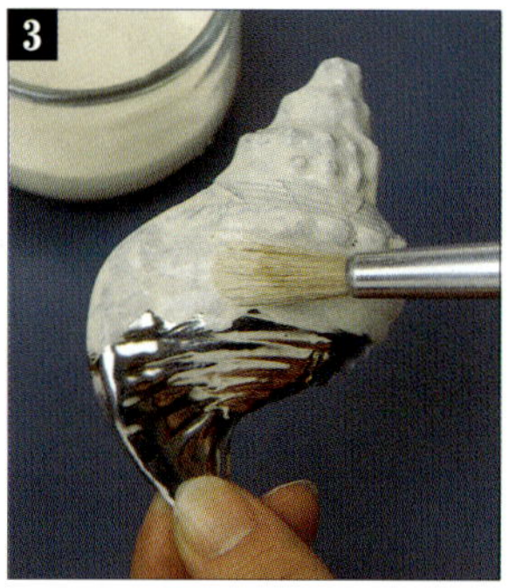

Madera

Dependiendo del tipo de madera y de los efectos que se desean conseguir, la superficie se preparará de distinta forma.

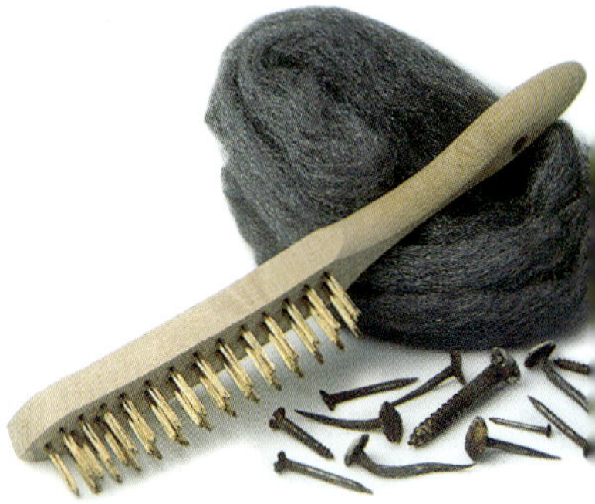

Cómo envejecer madera nueva

En ciertas ocasiones se necesita dar un aspecto más envejecido en alguna superficie. Los cepillos metálicos sirven para desgastar esquinas y rayar superficies. Con los clavos se pueden conseguir efectos de carcoma o de golpes, si quiere simularse el paso del tiempo. Para efectos de desgaste más suaves, puede utilizarse lana de acero de distinto grosor.

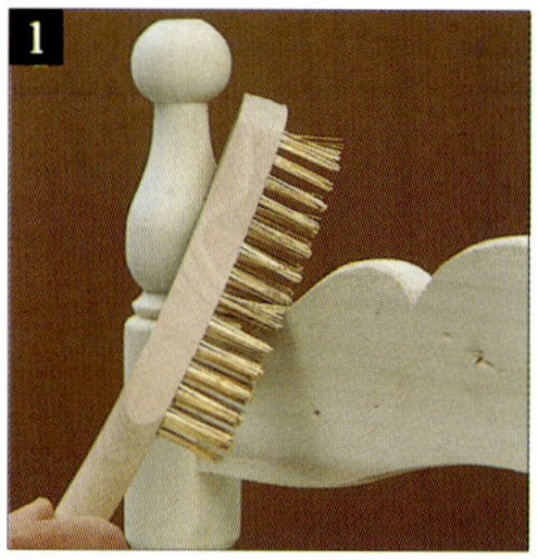

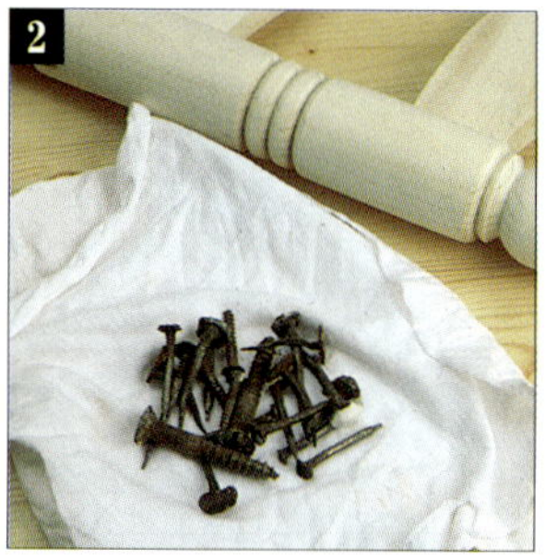

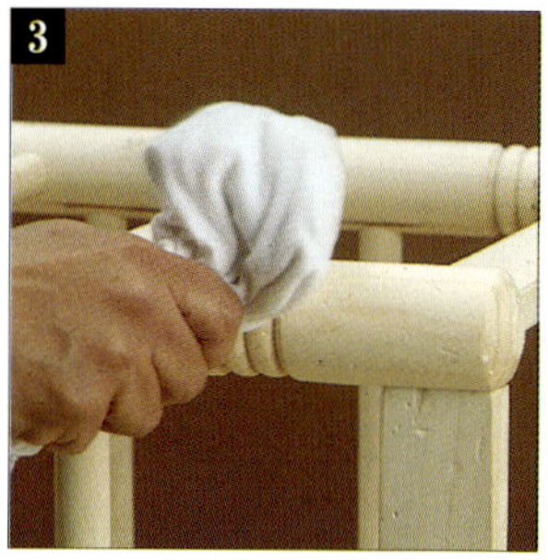

1. Desgastar esquinas

Con el cepillo metálico se rayan y desgastan las esquinas nuevas con movimientos verticales, para dar un aspecto desgastado a toda la pieza.

2 y 3. Cómo lograr efectos de carcoma

Podemos utilizar clavos y tornillos de distintas medidas y grosores. Se dobla en varios pliegues un trapo y se colocan los clavos y tornillos en su interior en forma de muñequilla, luego se golpea en distintos puntos de la superficie para conseguir efectos de golpes y de carcoma.

Cómo preparar madera nueva

Si se trata de madera nueva, se lijará la superficie con lija de grano medio para eliminar cualquier astilla o mancha de suciedad y dejar el poro de la madera preparado para teñir o aplicar una capa de imprimación selladora para madera.

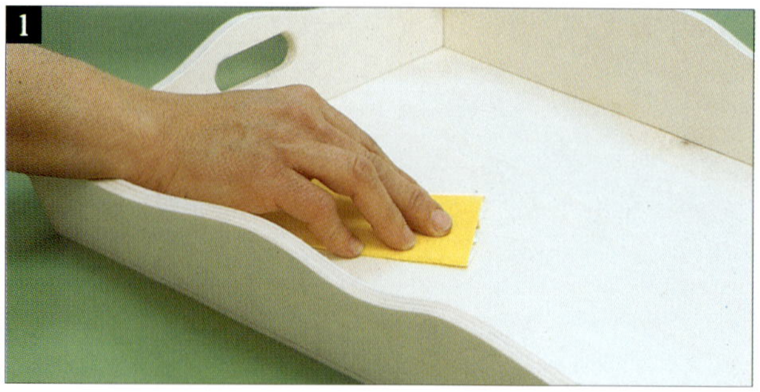

1. Lijando madera

Se lija de forma suave y siempre en dirección de la veta de la madera. Si la pieza presenta una superficie muy rugosa, se utilizan lijas de grano medio o grueso, y de grano fino para las superficies más pulidas.

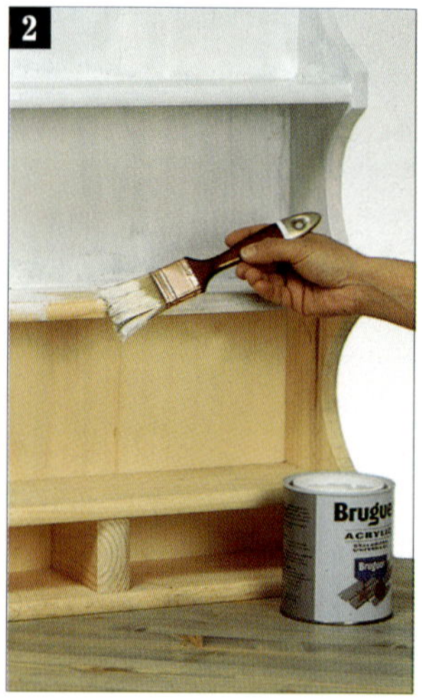

2. Imprimación sobre madera

Se extiende una capa de selladora para madera de forma homogénea y respetando la veta de la madera.

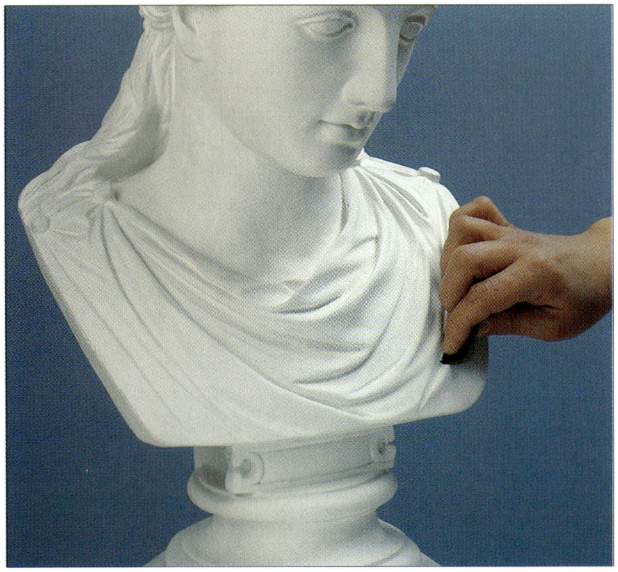

Escayola

Los objetos de escayola son muy porosos, por lo que con una lija de grano muy fino se arreglarán las posibles imperfecciones de la pieza. Se lijan muy suavemente las manchas existentes. Con un pincel duro se elimina el polvo que pueda retener la pieza en los recovecos. Algunos acabados no requieren preparación con imprimación selladora, como en el caso de la pátina del busto que se realiza directamente sobre la escayola. Si el efecto o acabado sobre la pieza de escayola es el de otros ejercicios que se explican en el libro, se prepara la superficie con una selladora. Sobre ésta puede aplicarse una selladora acrílica.

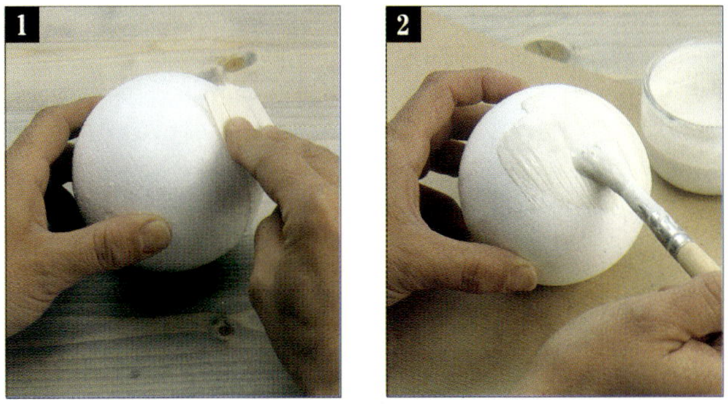

Porexpán

Se trata de un material que se repasa suavemente con lija de grano fino (380 o 400) para no estropearlo. Se utiliza una masilla diluida y con pincel para tapar todos los agujeros. Una vez seco, se lija de nuevo para que la superficie quede más fina. Posteriormente, ésta se prepara con una selladora acrílica.

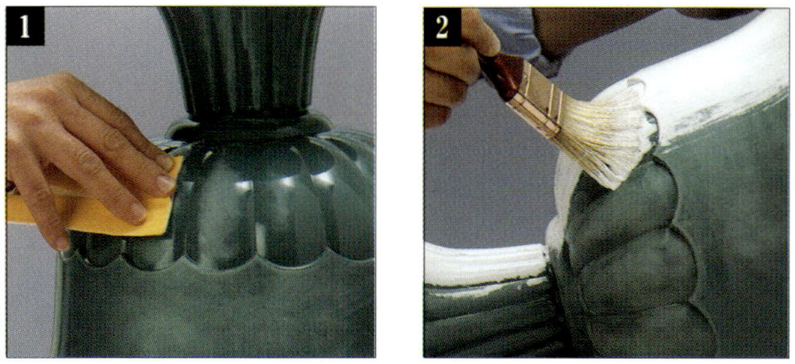

Plástico

En el caso de los plásticos, se limpia la superficie y se emplea una lija de grano medio para rayarla un poco y para que la imprimación selladora se adhiera mejor. También existen en el mercado imprimaciones selladoras para plásticos, con una adherencia más fuerte en las superficies que no son porosas.

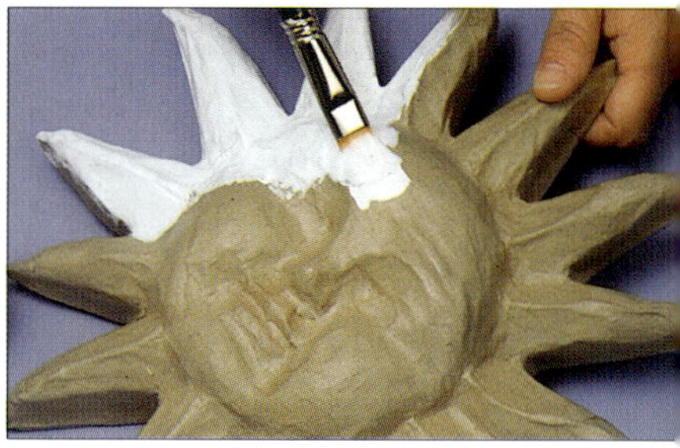

Papel cartón

Después de limpiar la superficie de polvo con un trapo, se extenderá la imprimación selladora. Sobre este material se puede utilizar una selladora acrílica. Si el objeto necesita algún retoque a causa de los golpes, se masillan las imperfecciones después de que la selladora esté seca.

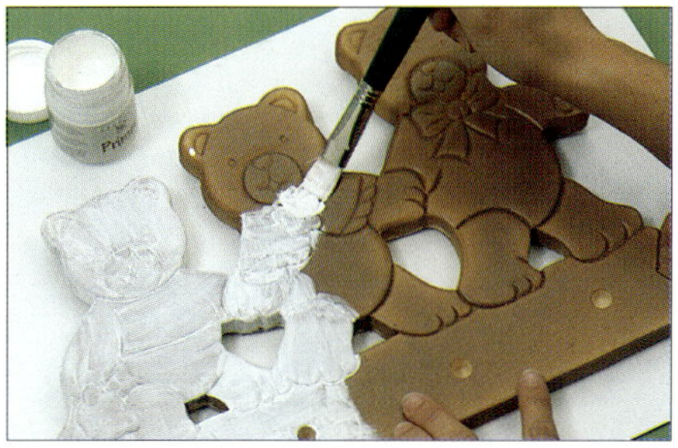

Resina

Si el objeto está en buen estado, se limpia con alcohol, se deja secar y se extiende una imprimación selladora acrílica. Si son objetos decorados anteriormente, se lavan con agua caliente y amoníaco. Una vez secos, se lija suavemente y se aplica a la superficie la imprimación selladora.

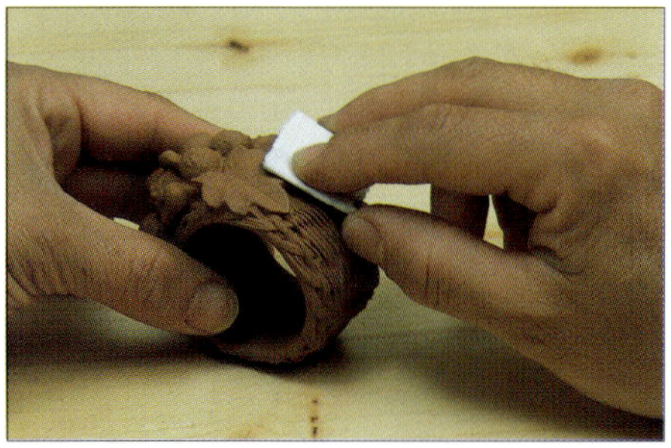

Terracota

Si la superficie es nueva, bastará eliminar el polvo, pero si la superficie está en mal estado, se limpia con agua tibia y amoníaco. Se deja secar bien y se aplica una imprimación selladora acrílica.
En el caso de envejecimiento de la terracota con betún de Judea y cera, no será necesaria la imprimación selladora.

Marmolina

Se lija la superficie si tiene alguna imperfección del molde (1); a veces quedan pequeños grumos de fabricación que se eliminan fácilmente con una lija fina de 320. Luego se quita el polvo con un pincel de pelo duro (2). Como en el caso de la escayola, la aplicación de una imprimación selladora dependerá del acabado que se quiera conseguir. Sobre este material irá bien una selladora acrílica.

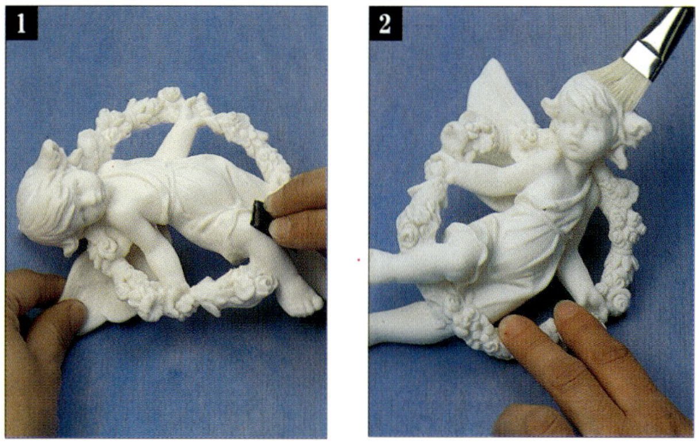

Pátinas

Las pátinas son efectos decorativos que se consiguen a través de distintos medios. Proporcionan la sensación del paso del tiempo o de la oxidación, con efectos de envejecido o de color.

El procedimiento de trabajo de estas pátinas, con pintura más o menos líquida y transparente, produce este efecto visual. Las pátinas pueden aplicarse en todas las superficies.

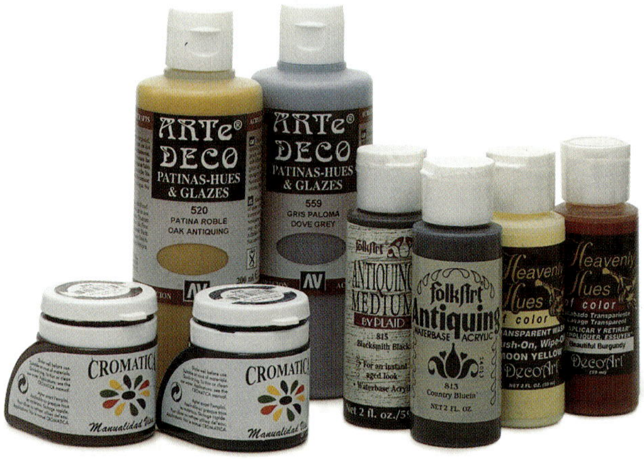

Pátinas al agua

Se encuentran preparadas en establecimientos especializados y en una amplia gama de color. En este caso, las pátinas son de base al agua y de fácil manipulación, presentan un tiempo de secado rápido y corresponden a pinturas transparentes de fácil eliminación. Son más opacas que las pátinas al óleo.

Preparación de las pátinas al agua

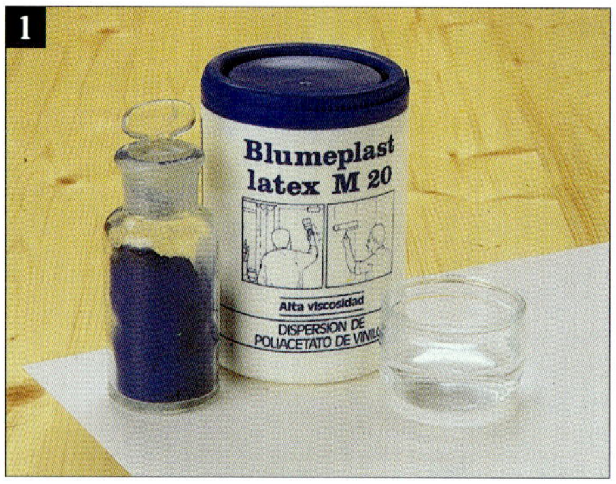

1. Materiales necesarios

Para preparar la pátina al agua se necesita látex o PVA como aglutinante, agua para disolverlo y pigmento para conseguir el color.

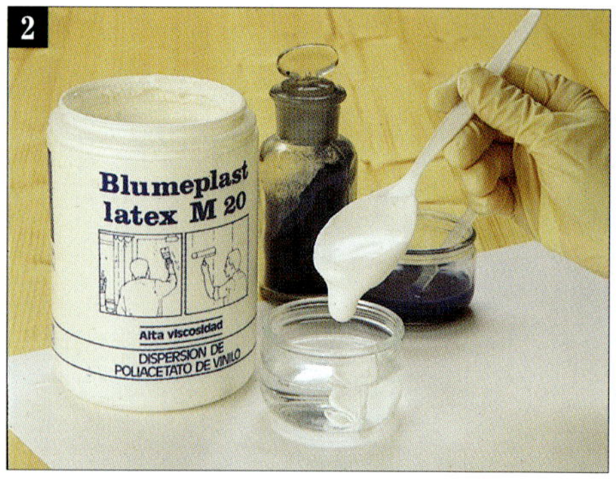

2. Disolución del látex

Se disuelve un volumen de látex en dos volúmenes de agua y se remueve bien hasta conseguir un líquido homogéneo y sin grumos.

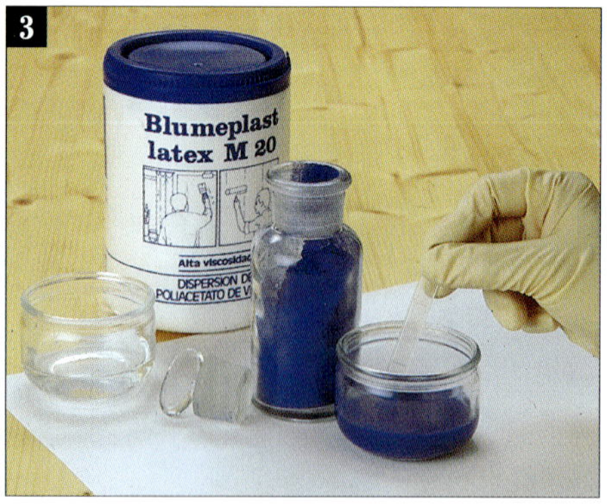

3. Disolución del pigmento

Se disuelve un volumen de pigmento en un volumen de agua y se remueve bien. Se pueden mezclar distintos pigmentos hasta conseguir el color deseado.

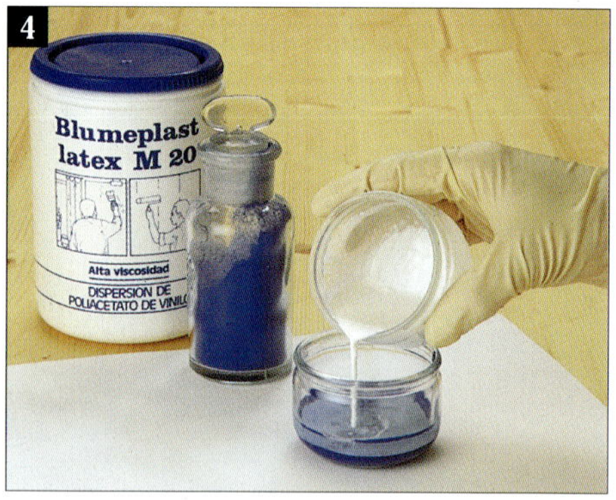

4. Mezcla del látex y el pigmento

Se mezcla la disolución del látex con la del pigmento y se remueve bien. Hay que dejar reposar esta mezcla y eliminar el exceso de agua que quede en la superficie.

Pátinas al óleo

Como las anteriores, las pátinas al óleo ayudan a conseguir distintos efectos. Normalmente son más transparentes y, al ser de base oleosa, su tiempo de secado es más lento, por lo que en superficies grandes se podrá trabajar durante más tiempo. Se encuentran en establecimientos especializados, con las medidas de los componentes preparadas y en una amplia gama de colores.

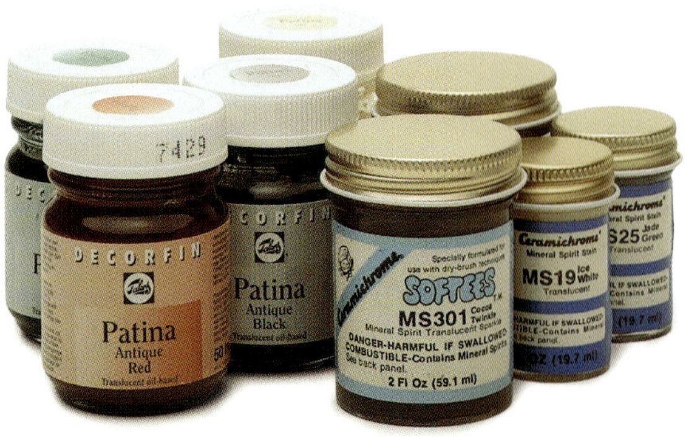

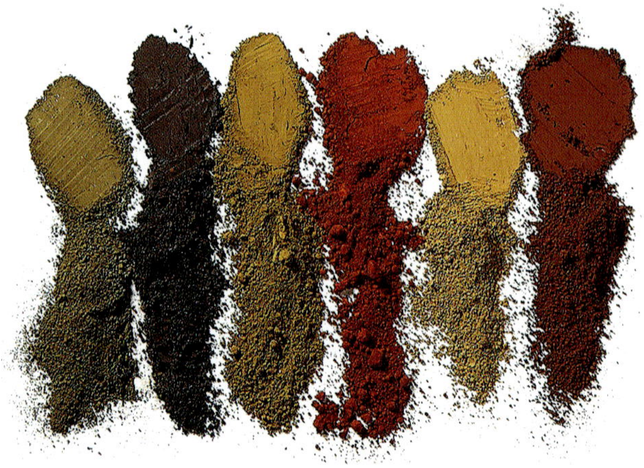

Preparación de las pátinas al óleo

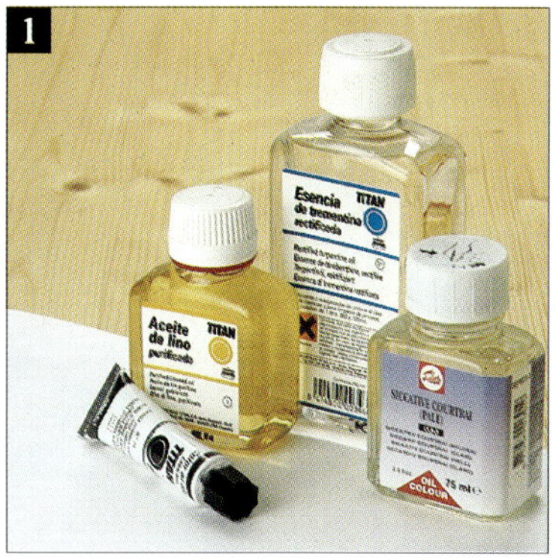

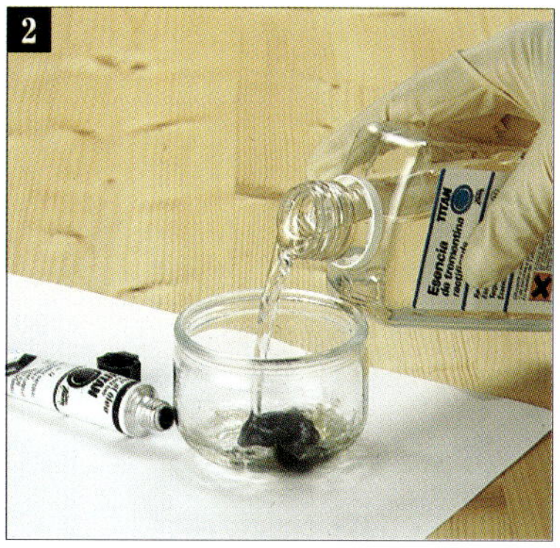

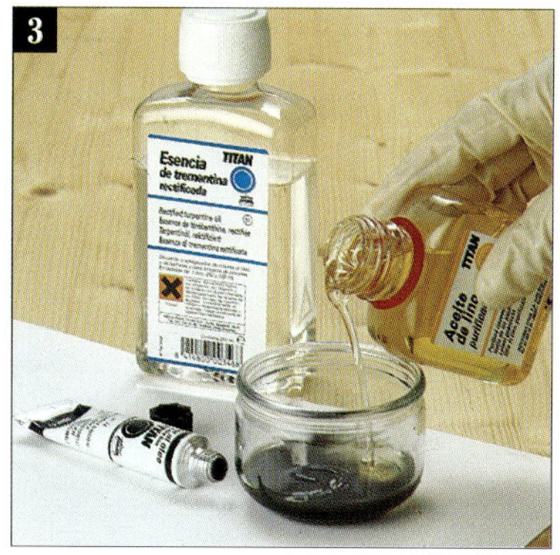

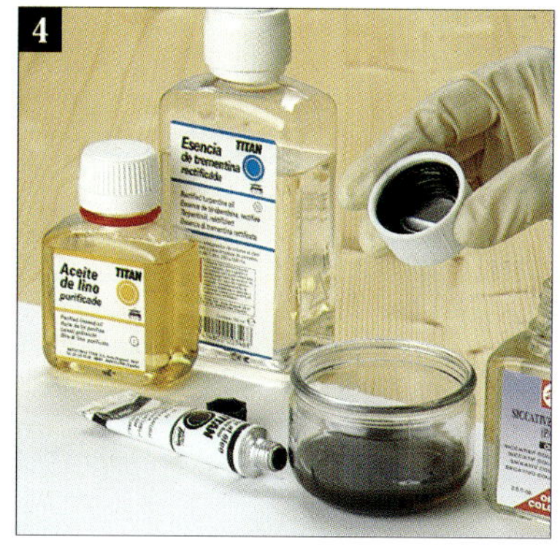

1. Materiales necesarios

Se necesita aceite de lino o linaza, que es el aglutinante básico para la preparación de la pintura al óleo. La esencia de trementina o aguarrás se usa para conseguir la fluidez de la pintura, el óleo para obtener el color y el secativo para acelerar el tiempo de secado.

2. Mezcla de óleo y trementina

Se añade a un volumen de color al óleo medio volumen de trementina. Se remueve bien para que se integren ambos materiales hasta que se alcanza el grado de fluidez o disolución de la pintura que se desee.

3. Mezcla de aceite de linaza

A la mezcla anterior se le añade medio volumen de aceite de linaza, que contribuirá a la consecución de la pátina.

4. Mezcla de secativo

Como las pátinas al óleo tardan mucho en secarse, se le añaden a la mezcla unas gotas de secativo universal para acelerar el tiempo de secado. No hay que abusar del secativo, ya que puede tener un efecto contrario y no secar. Nunca se utiliza más de un 10 % del total de la mezcla.

Preparación del sulfato de hierro

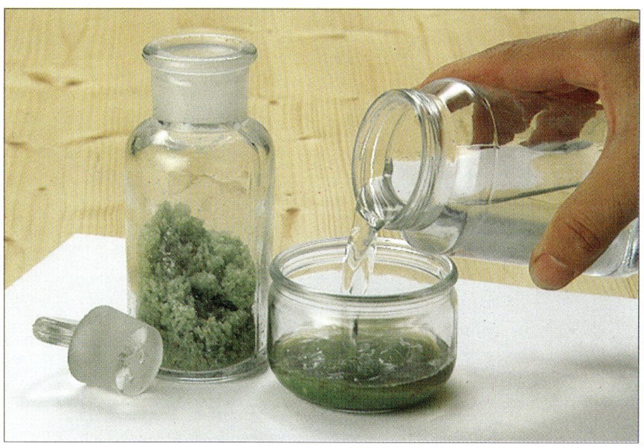

Disolución del sulfato

Se mezcla un volumen de sulfato de hierro en un volumen de agua. Aunque no se disuelva del todo, puede utilizarse como si fuera una arenilla que oxida en forma de cristales.

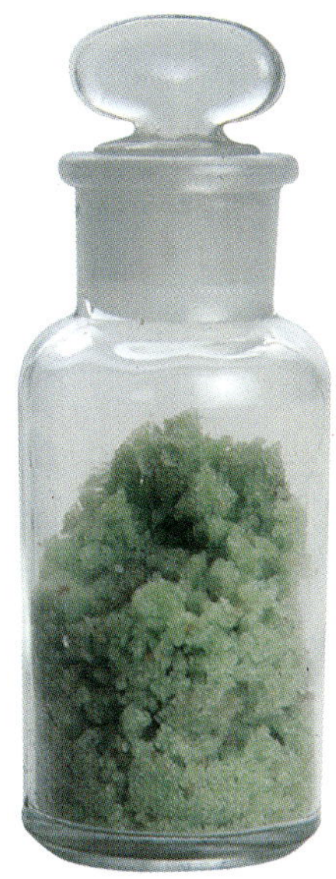

Oxidado con sulfato de hierro

El efecto de óxido con sulfato de hierro es auténtico, pues el sulfato oxida la superficie tratada de forma natural.

Preparación de pátina de betún y cera

1. Materiales necesarios

El betún de Judea es una pátina de las más clásicas, tiene un secado rápido y a veces no se puede trabajar mucho tiempo. Al mezclarlo con cera se retarda el tiempo de secado, suavizando el color, que queda más transparente.

2. Mezcla del betún con cera

Se mezcla un volumen de cera en dos volúmenes de betún de Judea líquido. Se remueve hasta conseguir una pasta homogénea, parecida al betún para los zapatos.

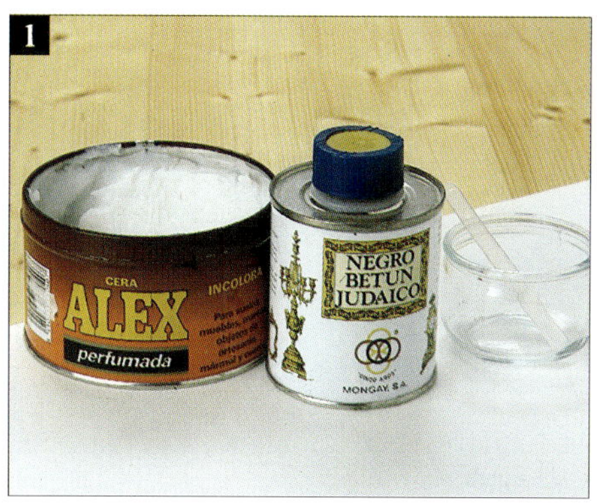

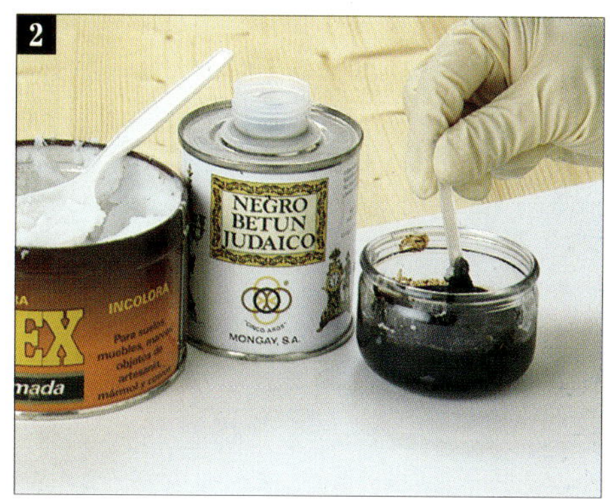

Decoración

Existen infinidad de posibilidades para decorar objetos, según la habilidad e imaginación que se ponga en ello. Si no se tiene gran experiencia en dibujar se pueden copiar láminas de libros, revistas o simplemente dibujos de los papeles de regalo. Aquí se exponen dos formas de decorar muy sencillas: con estarcido y a mano alzada.

El estarcido

El estarcido proporciona unos resultados espectaculares y muy decorativos. Esta técnica es muy antigua y de fácil ejecución. Se trata de traspasar, con la ayuda de una plantilla, distintos dibujos sobre paredes, objetos, telas, etc. Para este proyecto se ha escogido el estampado de unos tulipanes y se han simplificado para transformarlos en plantillas de estarcido.

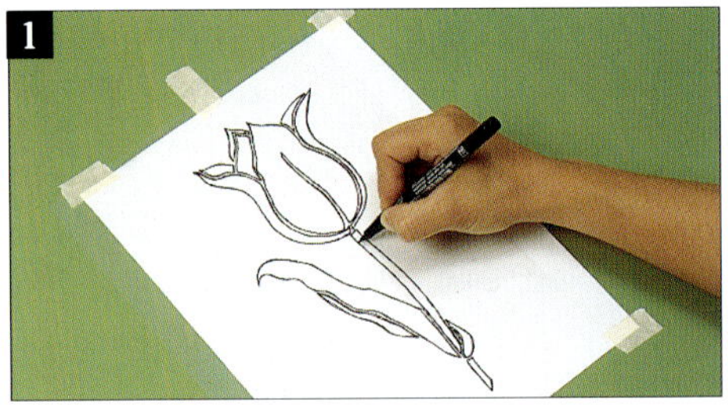

1. Los dibujos se pueden ampliar o reducir con la fotocopiadora, para adaptarlos a la medida deseada, según el objeto que se quiera decorar. Con un rotulador de punta fina se calca o fotocopia el dibujo escogido sobre una hoja de acetato.

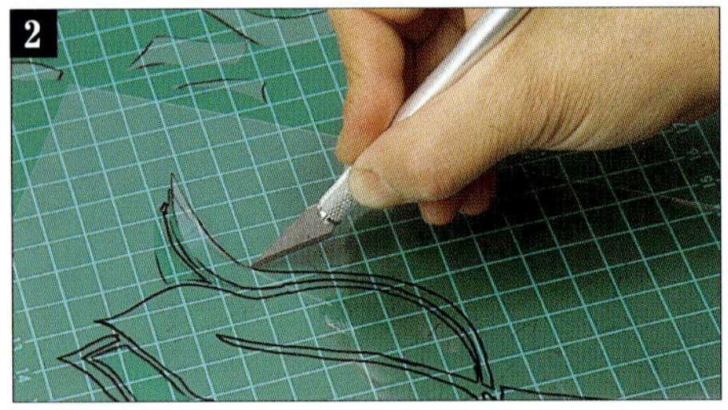

2. Con una lanceta o un *cutter* se recortan los contornos de las formas calcadas en el acetato. Es necesario hacerlo sobre un soporte de corte para no dañar la superficie de la mesa de trabajo. Si el dibujo es sencillo, bastará una sola plantilla.

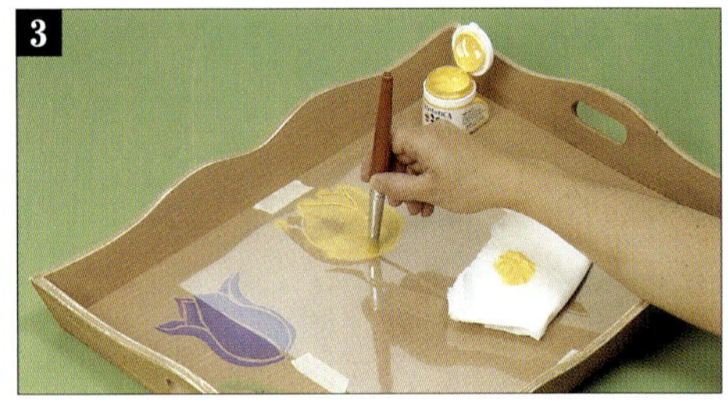

3. Se fija la plantilla con cinta adhesiva sobre el objeto. Se toma una pequeña cantidad de pintura con el pincel y, con la ayuda de un papel absorbente, se reparte y elimina el exceso. Con el pincel perpendicular a la plantilla, se empieza a pintar mediante suaves giros.

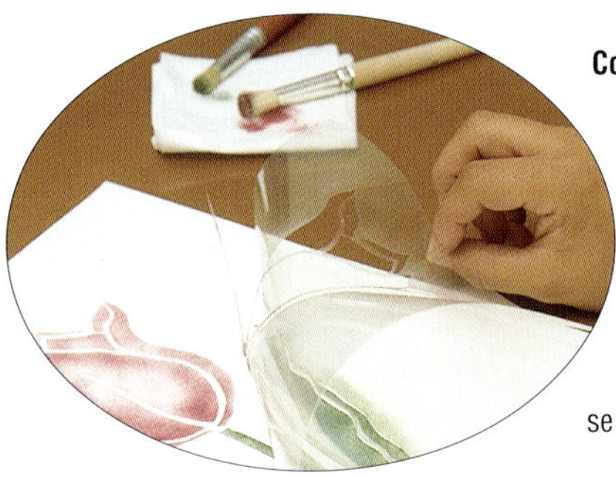

Comprobar sobre papel antes de pintar

Nunca se pintará sobre un objeto sin comprobar antes que las plantillas están correctamente recortadas. De este modo, también se practica el color. Se usará un pincel para cada color, así se consiguen efectos de luces y sombras, y se obtiene un dibujo con volumen.

Material para estarcidos

Hojas de acetato transparente para calcar el dibujo. Soporte para poder recortar sin estropear la superficie de trabajo. Bisturí o lanceta para recortar (existen diversas formas y medidas). Rotuladores indelebles para calcar. Los errores se borrarán con alcohol. Pinceles fabricados para estarcir, de pelo de cerda y planos en su punta.

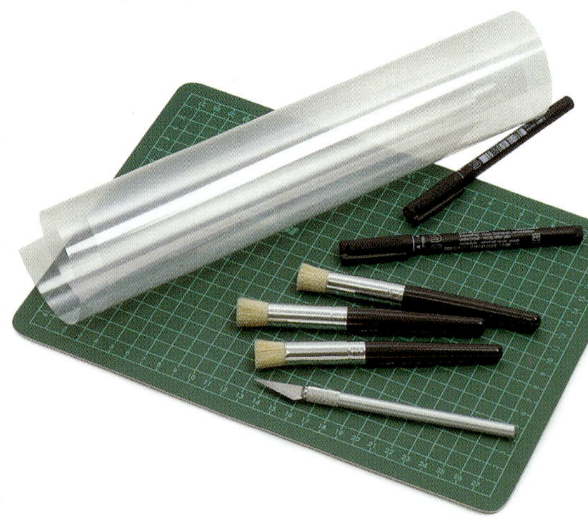

Dibujo a mano alzada

Puede dibujar sus propios motivos o calcarlos de láminas o revistas. Primero debe practicar el color y el dibujo en papel para adquirir práctica y definir los colores más adecuados. También se pueden fotocopiar motivos y después traspasarlos al objeto que se vaya a decorar.

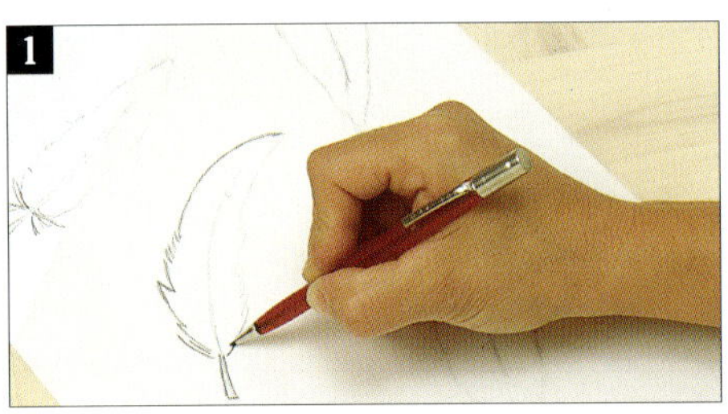

1. En este caso se dibujan unas plumas de diferentes tamaños y formas. Se utiliza papel vegetal para calcarlas.

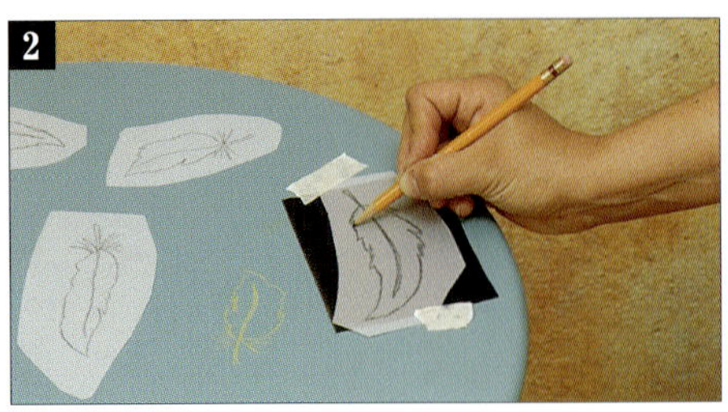

2. Se traspasan con un papel de calco y con un lápiz de punta blanda para no dañar la superficie.

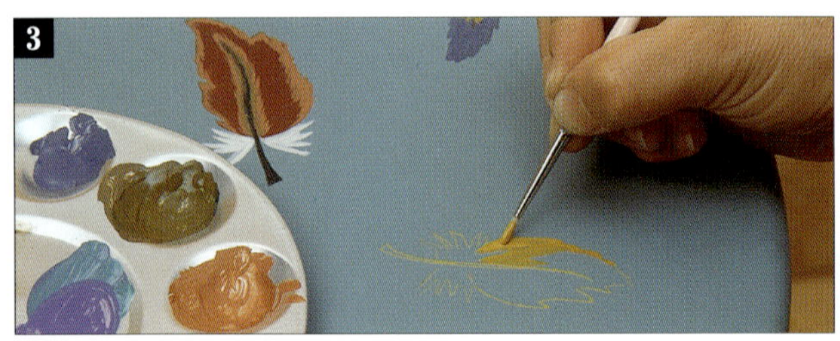

3. Con pinceles de punta fina se pintan aplicando los colores escogidos. Se distribuyen capas finas de pintura para que el motivo sea más delicado.

M.L.P.

Acabados

El acabado de una pieza es muy importante, de él depende en gran medida que un trabajo tenga un aspecto más profesional y sea más resistente a los roces, golpes o desgaste.
Hay distintos materiales para conseguir estos acabados. Unos protegen y otros dan un tacto suave a las superficies. También existen acabados (como las ceras) que pueden ayudar a obtener efectos finales muy decorativos.

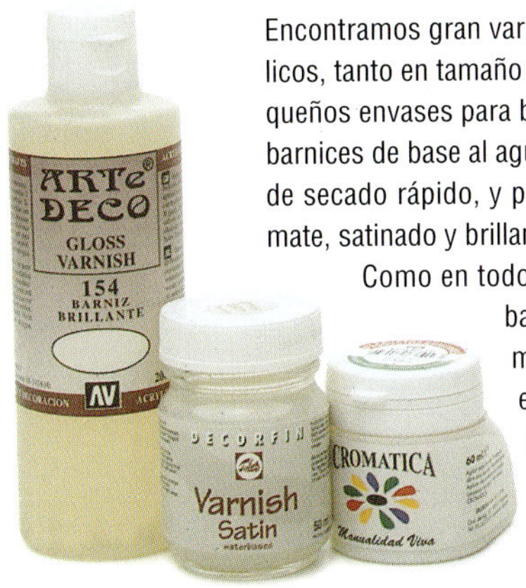

Barnices acrílicos

Encontramos gran variedad de barnices acrílicos, tanto en tamaño industrial como en pequeños envases para bellas artes. Se trata de barnices de base al agua, de fácil aplicación y de secado rápido, y proporcionan acabados mate, satinado y brillante.
Como en todos los barnices de acabado, deben aplicarse al menos dos capas finas en una dirección, para conseguir un resultado homogéneo.

Barnices

Los barnices se usan como acabado para proteger las superficies que se han trabajado. En el mercado se pueden encontrar distintos tipos: transparentes y coloreados.

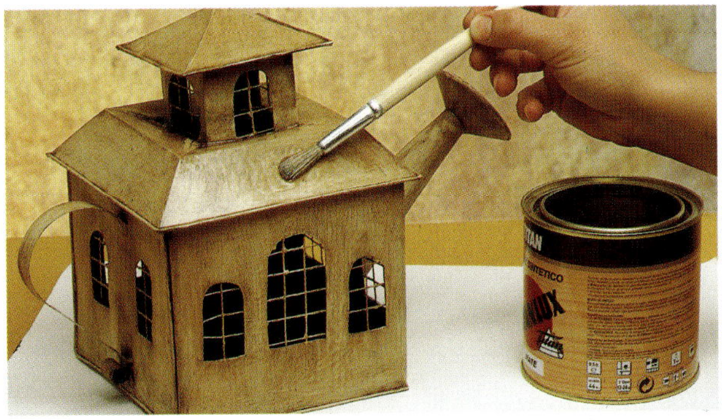

Barniz

Para barnizar, se trabajará en espacios limpios de polvo para que el resultado final sea impecable. Los barnices sintéticos y de poliuretano atraen el polvo. Se aconseja tener una brocha que sólo se utilice para barnizar, y no correr el riesgo de que las brochas con las que se ha pintado puedan tener restos de pintura que estropearían el acabado final.

Barnices sintéticos y de poliuretano

Los barnices sintéticos y de poliuretano son de base oleosa, por lo que se rebajan con aguarrás. Son barnices con bastante resistencia, que siempre deben utilizarse en capas finas y un poco rebajadas (80 % barniz, 20 % aguarrás). Los barnices sintéticos son más transparentes y tienen un acabado mate, satinado y brillante.

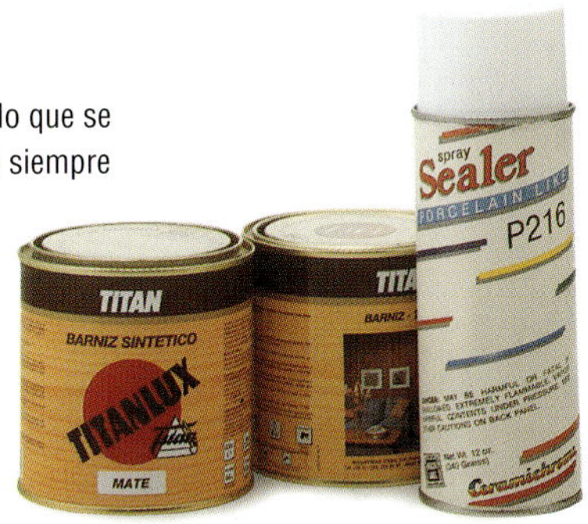

Ceras

Básicamente son, en mayor o menor pureza, ceras de abeja. Se pueden encontrar comercializadas por muchas marcas y presentar calidades distintas y en forma líquida o cremosa. Pueden ser incoloras y también de distintos colores.

Ceras de dorar

A las ceras de dorar se le mezclan partículas metálicas. Existe una gran variedad de colores, desde el plata hasta el cobre, pasando por distintos tonos de oro, desde el nuevo al envejecido. Se utilizan para conseguir reflejos metálicos. En las pátinas, las ceras se aplican en pequeña cantidad, de lo contrario, los efectos parecen falsos.
Deben aplicarse después del barniz, de lo contrario, éste no cogería sobre las zonas doradas.

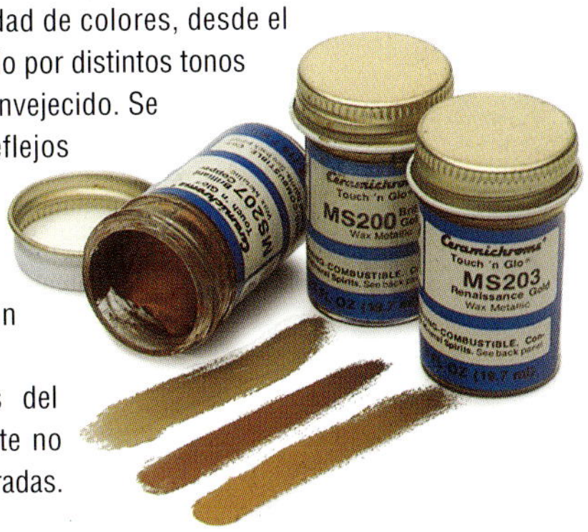

Cera de dorar

Para que se consigan efectos o reflejos metálicos, se aplica en pequeñas cantidades con la yema de los dedos o con un pincel seco en poca cantidad.

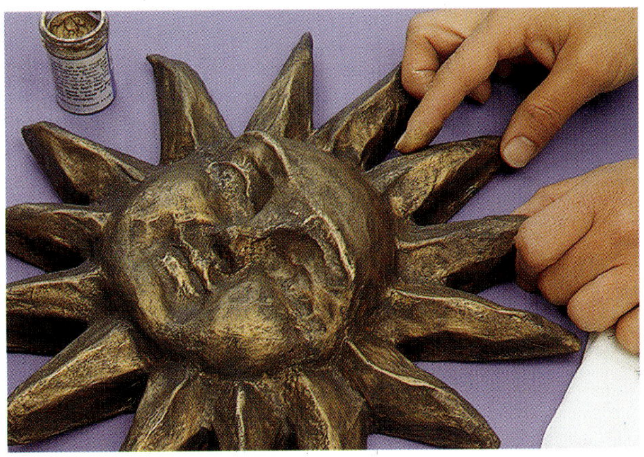

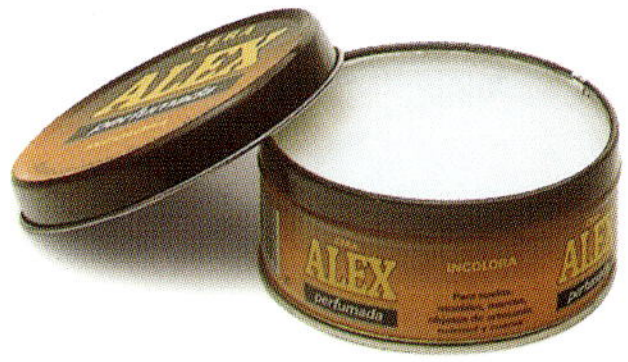

Cera incolora

Básicamente, se trata de cera de abeja más o menos pura. Sirve como acabado para proteger y conseguir superficies muy suaves al tacto. También es útil para mezclarla con distintas pátinas, lo que permite trabajarlas más tiempo. Se elimina con aguarrás.

capítulo

2

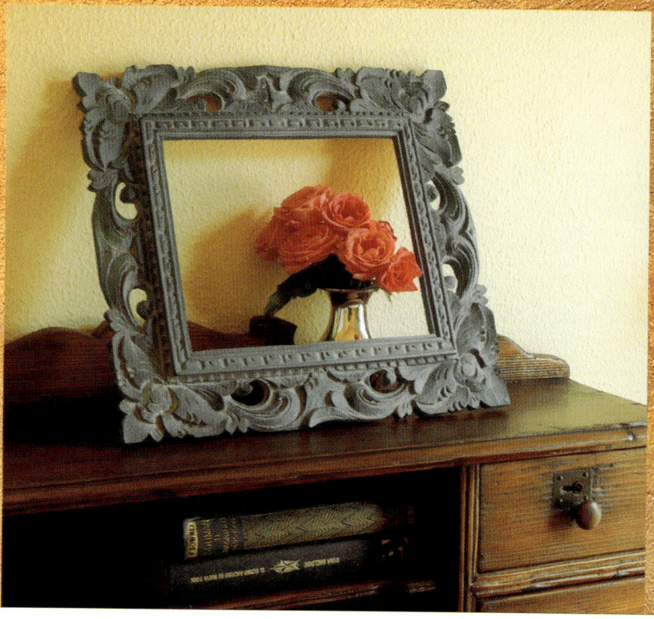

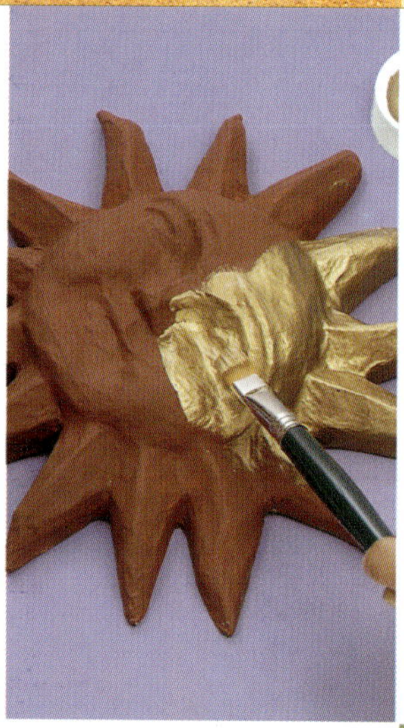

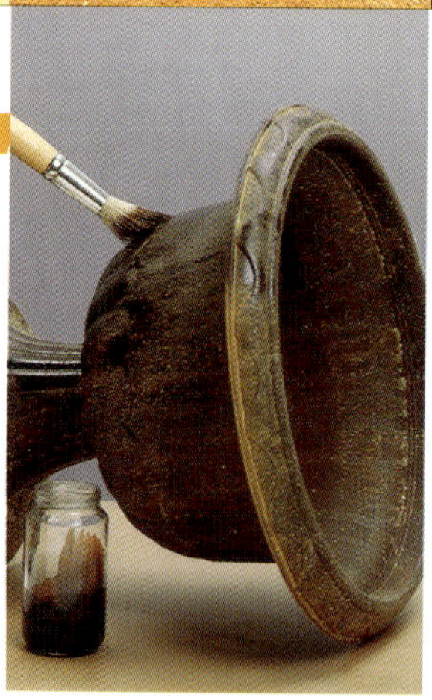

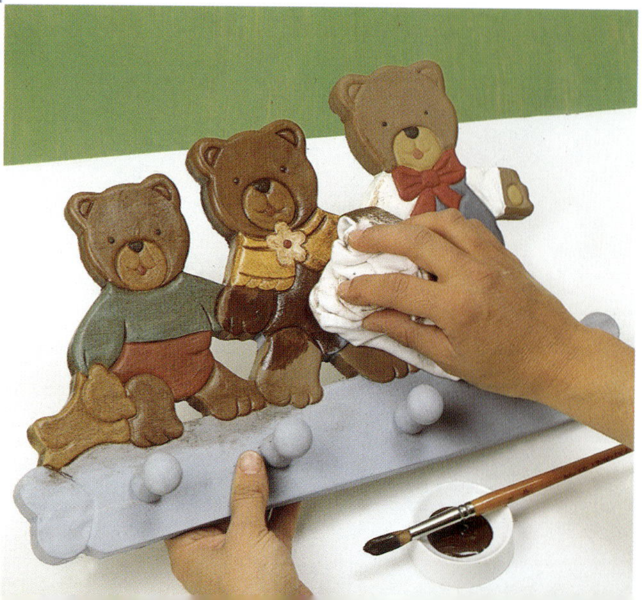

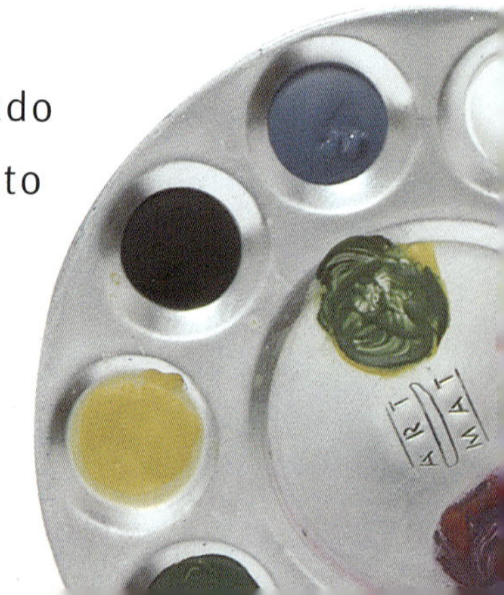

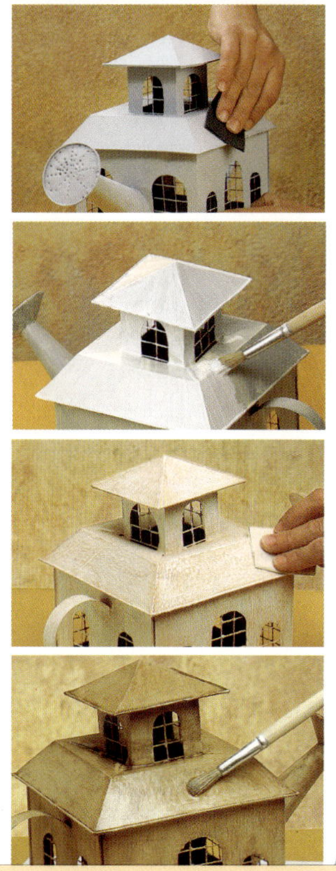

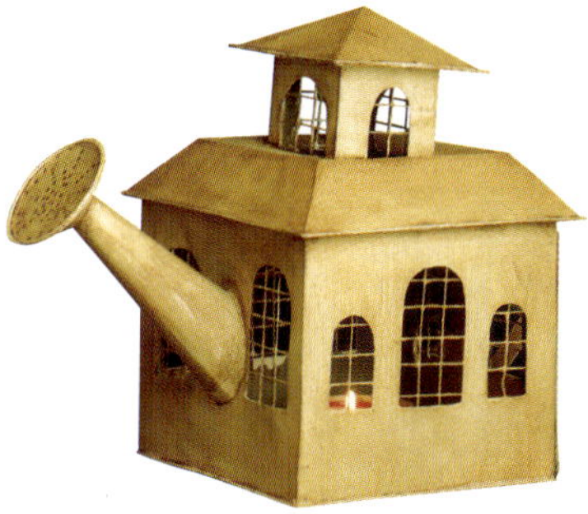

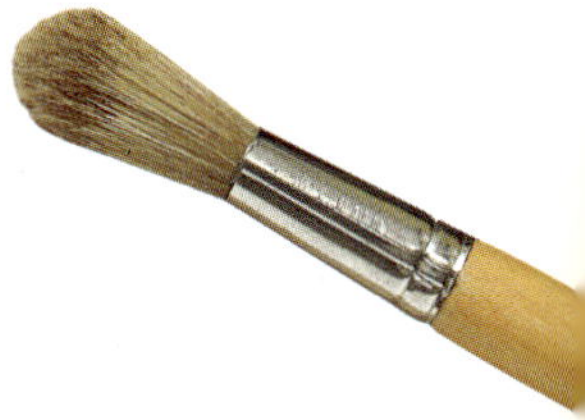

Proyectos

Todos los trabajos descritos a continuación se han escogido para poderlos realizar incluso si se carece de experiencia. Se han seleccionado distintos tipos de soportes para conseguir cualquier efecto, sea cual fuere el material elegido. Basta con seguir los distintos pasos en orden fotográfico y disponer de los materiales que en ellos se especifican para lograr fácilmente unos efectos de pátinas y envejecimientos muy decorativos. Si se preparan los soportes según el material del que están hechos, se podrá aplicar cualquiera de los trabajos siguientes a la superficie que se desee.

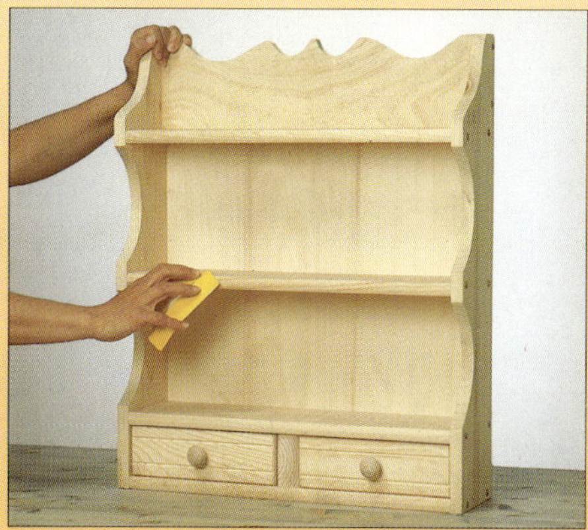

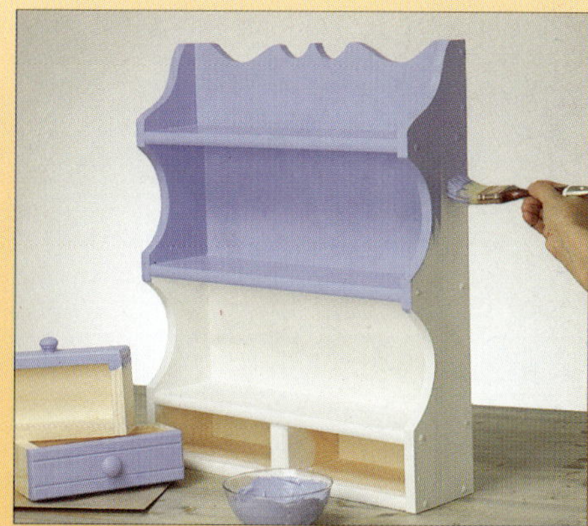

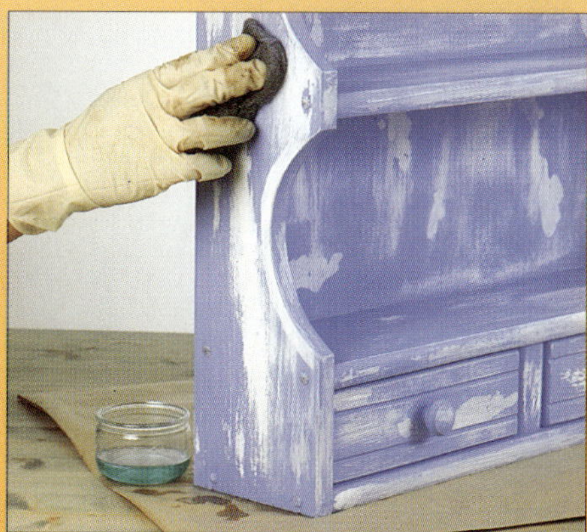

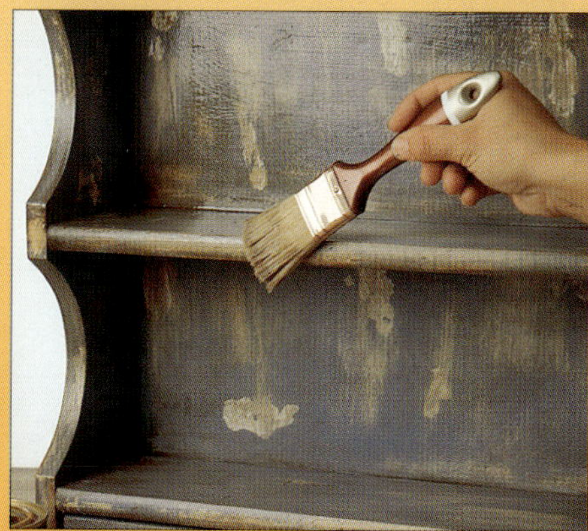

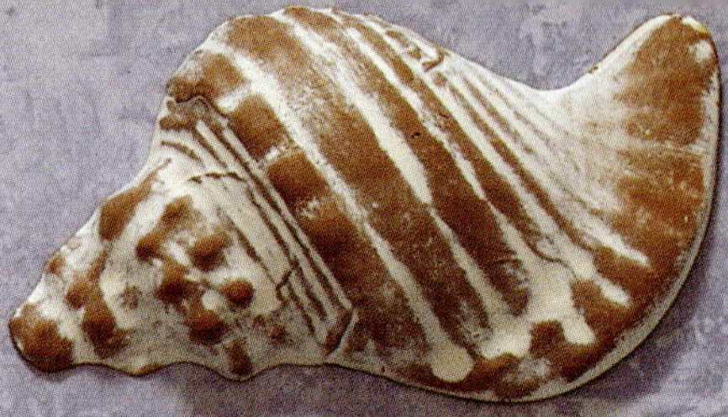

Moldes de hojalata
Efecto de terracota calcificada

A través de las pátinas puede conseguirse que un simple objeto de hojalata adquiera una calidad diferente. Asimismo, los resultados son tan decorativos que se pueden obtener en cualquier tipo de superficie. El efecto de la terracota calcificada por el tiempo puede ayudarnos a conseguir resultados muy vistosos en la decoración.

La realización de este proyecto es muy sencilla, pero ello no resta su valor decorativo. En este caso se han utilizado unos moldes de hojalata, aunque este acabado puede conseguirse sobre cualquier superficie, es cuestión de probarlo.

MATERIAL NECESARIO

- Alcohol
- Trapo de algodón
- Brocha pequeña de pelo de cerda
- Paletina de pelo sintético pequeña
- Imprimación selladora para metales, acrílica
- Pintura acrílica de color terracota
- Pátina al agua de color blanco
- Barniz acrílico mate

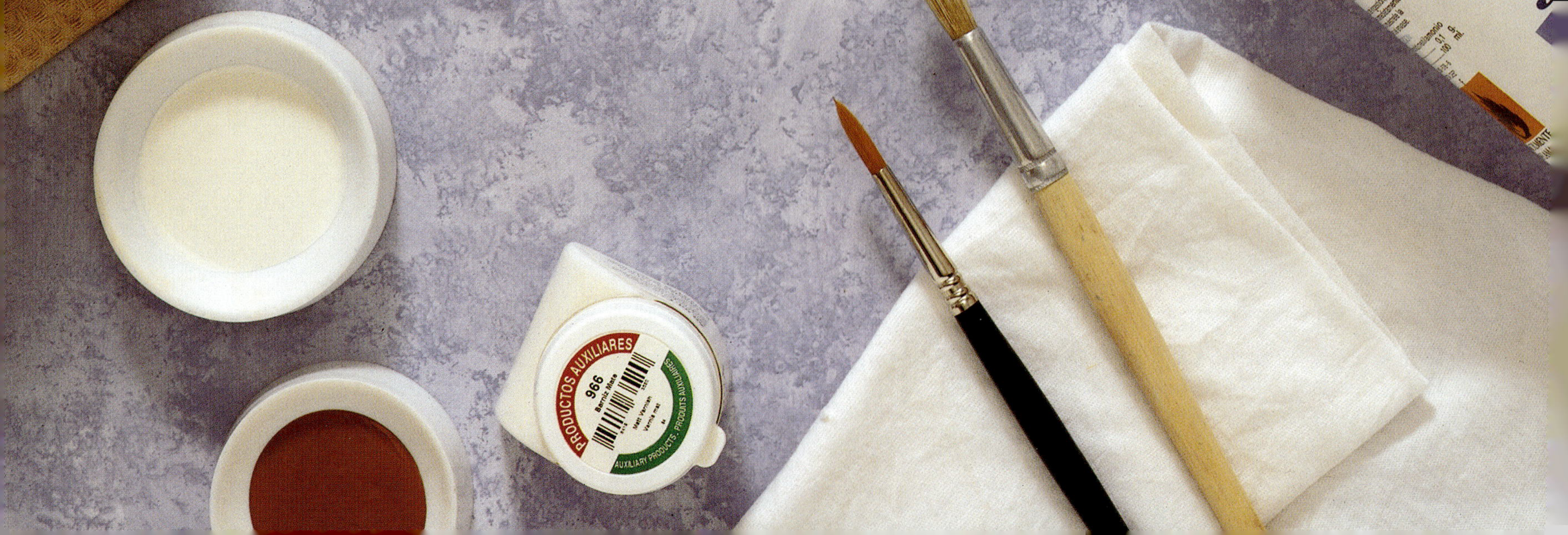

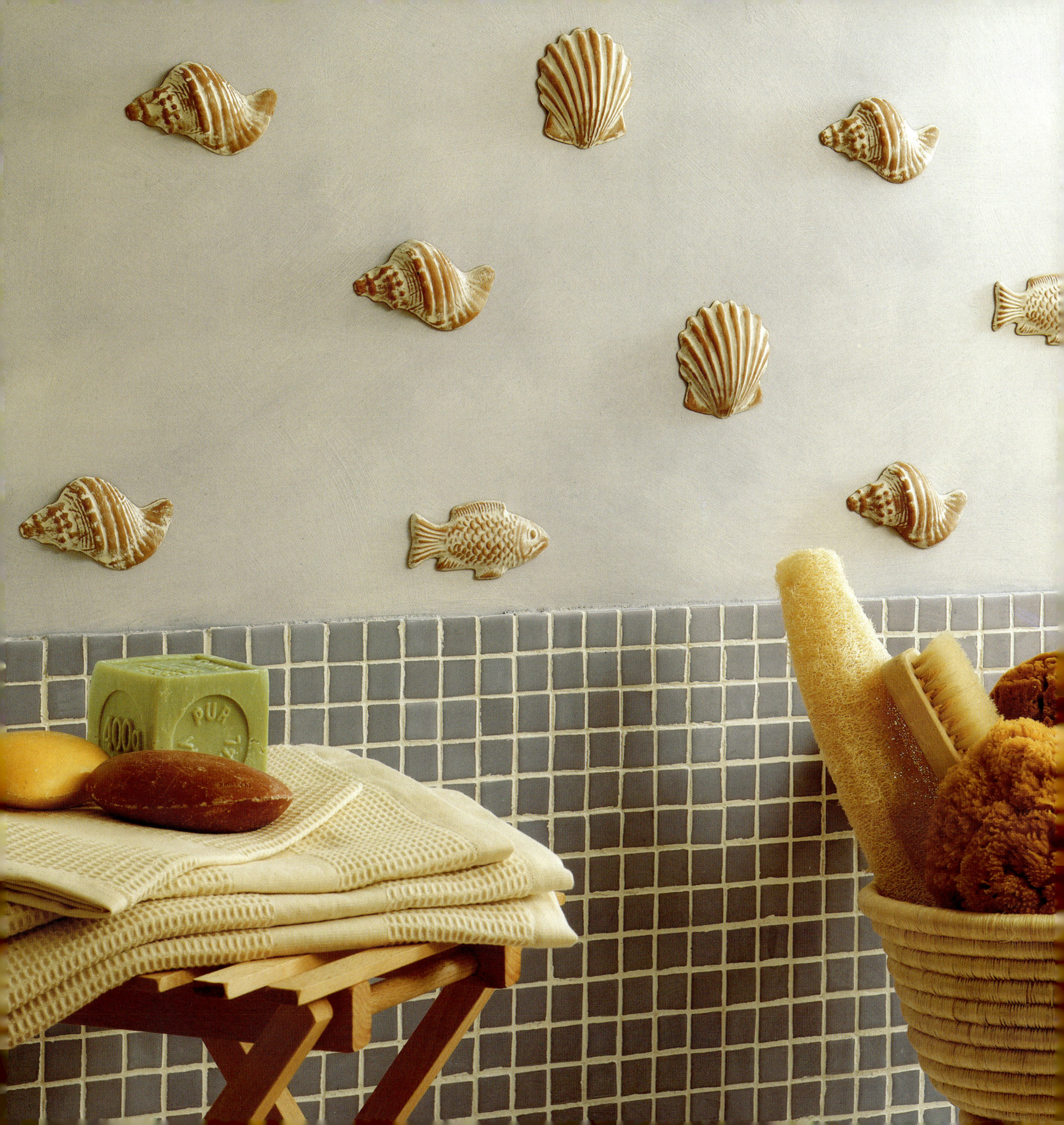
400g
PUR

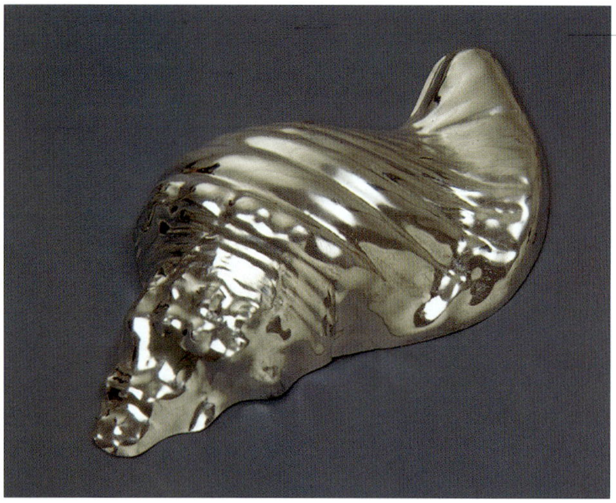

Molde de hojalata con forma de caracola al que se le quiere dar un efecto de terracota calcificada. Para preparar otros objetos que no sean de hojalata, se puede variar el tipo de imprimación selladora y adaptarla a la superficie escogida: plástico, escayola, madera, etcétera.

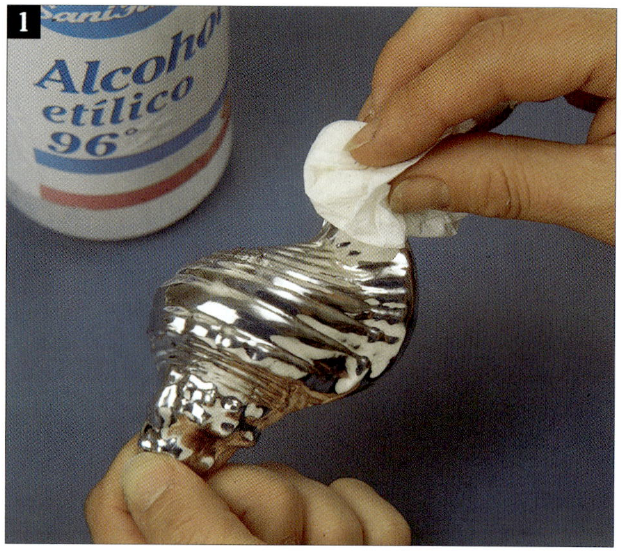

1 Con un trapo y alcohol se limpia la superficie de hojalata que se va a decorar. Es conveniente quitar toda la suciedad existente, ya sea polvo o grasa, para que la imprimación selladora se adhiera perfectamente.

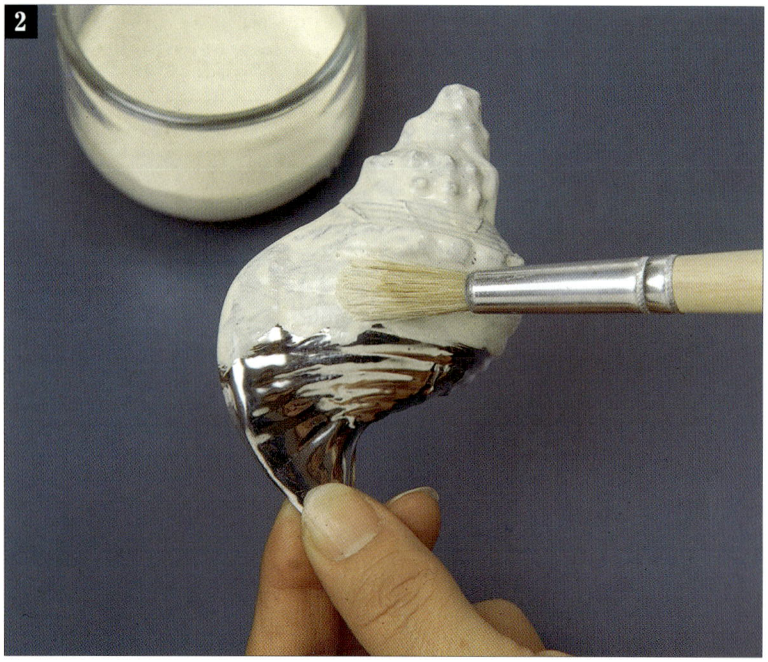

2 Con la brocha de pelo de cerda se aplica una capa bien fina de imprimación selladora para metales. En este caso, se utilizará una acrílica al agua. A continuación se dejará secar.

3 Después, con una paletina de pelo sintético se aplica una capa de pintura acrílica de color terracota, repartiéndola bien por toda la superficie, especialmente en los bajorrelieves. Si es necesario, se da una segunda capa del mismo color cuando esté seca la primera, asegurándose de que el objeto está bien pintado. Se deja secar.

Como norma general, es importante reservar una pequeña cantidad de pintura por si se precisan retoques.

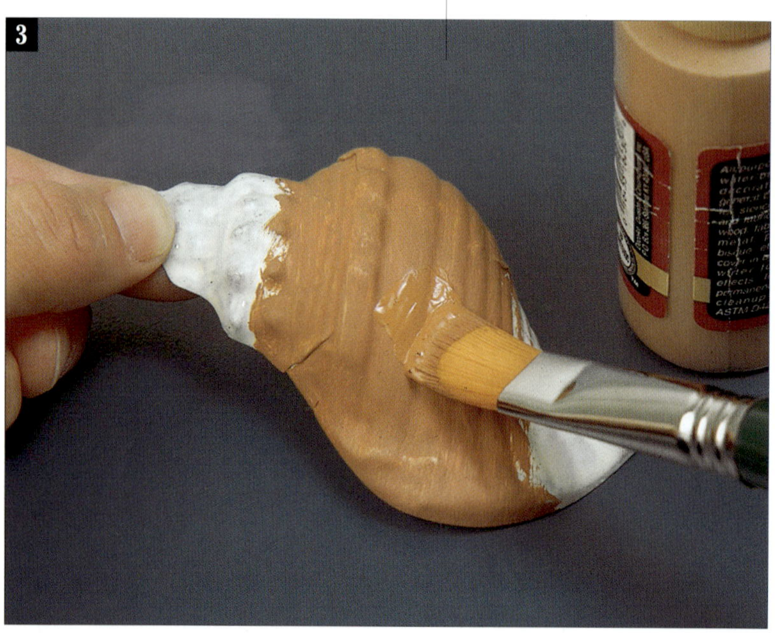

4 Se extiende el barniz acrílico mate con una paletina de pelo suave. De este modo se protege el color. Hay que dejar que seque.

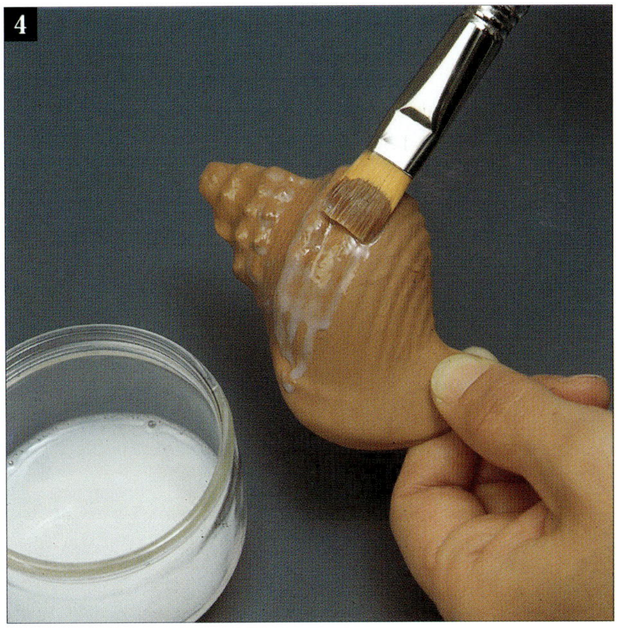

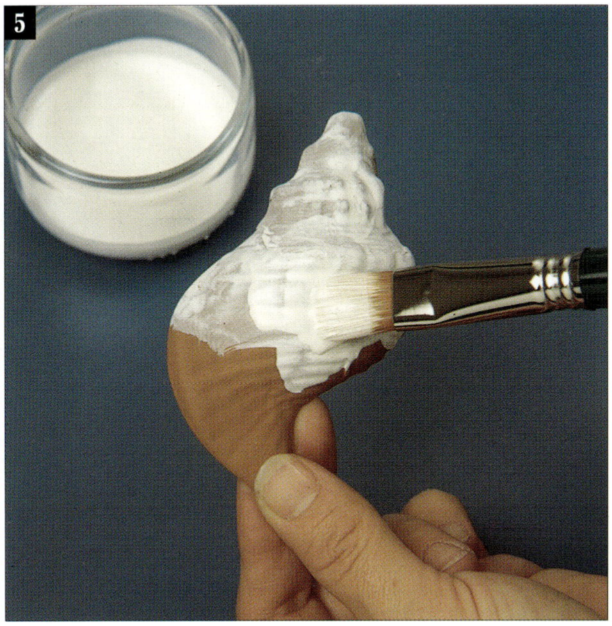

5 Hay que extender la pátina de color blanco por toda la superficie con una paletina de pelo sintético. Se deben repasar bien los bajorrelieves para que queden bien cubiertos por la pátina; en éstos la capa será más fina.

En caso de que la pátina se seque demasiado, se debe frotar la superficie con el trapo humedecido en alcohol.

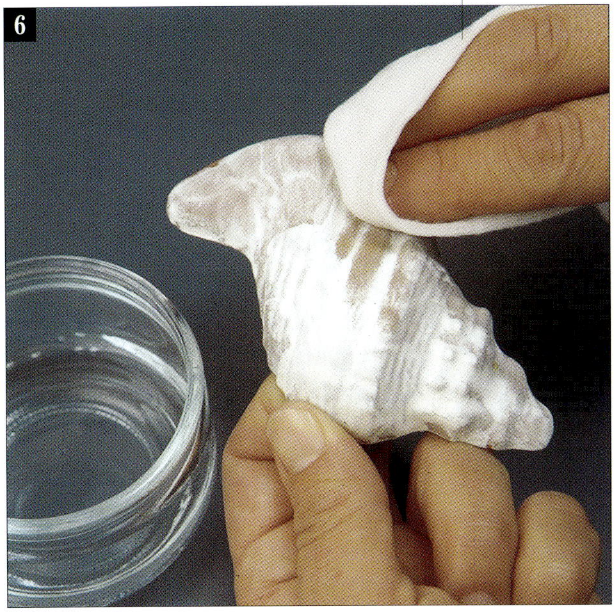

6 Con el trapo de algodón humedecido en agua, se irá eliminando la pátina blanca en los relieves, dejando visible el color terracota en algunas zonas superficiales.

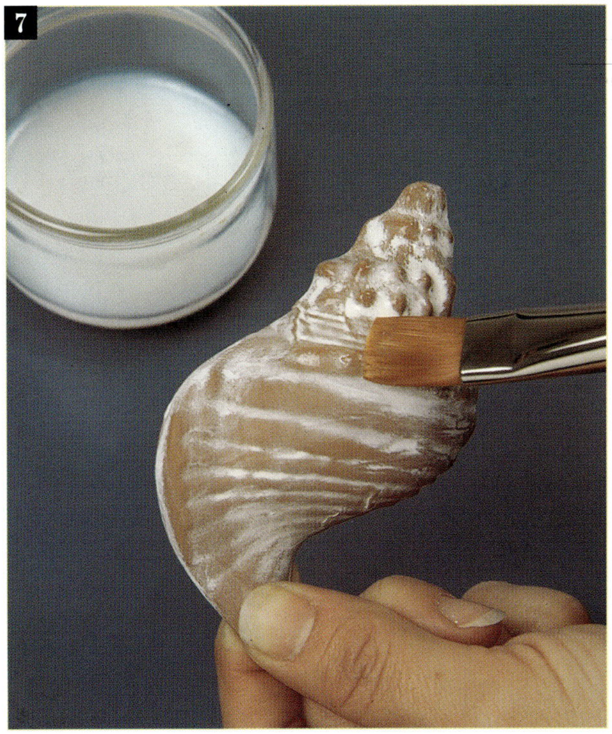

En este acabado se recomienda la utilización de barniz mate, el efecto será mucho más real.

7 Se aplicará barniz acrílico mate para proteger la pátina blanca que hemos dado. De esta forma, el objeto estará protegido y podrá colocarse en cualquier lugar aunque sea húmedo.

Candelabro de hierro
Pátina verdín

Las pátinas para metales tienen muchas variedades de texturas y colores, lo cual evidencia el paso del tiempo y la acción de los elementos. El verdín, con su color verde jade y su textura, es el resultado de una corrosión natural que afecta a determinados metales. Es tan decorativo que últimamente se aplica a infinidad de superficies por su gran efecto y belleza.

Para conseguir este efecto, existen algunas formas a base de ácidos, pero resultan muy tóxicas. A continuación de un modo sencillo trataremos de reproducir este efecto mediante pátinas y ceras.

MATERIAL NECESARIO

- Alcohol
- Pincel de pelo de cerda duro
- Brocha pequeña de pelo de cerda
- Trapo de algodón
- Pincel de pelo sintético
- Imprimación selladora para metales acrílica
- Pintura acrílica de color verde noche
- Pátina al óleo de color verde jade
- Cera de dorar de color bronce
- Barniz acrílico mate

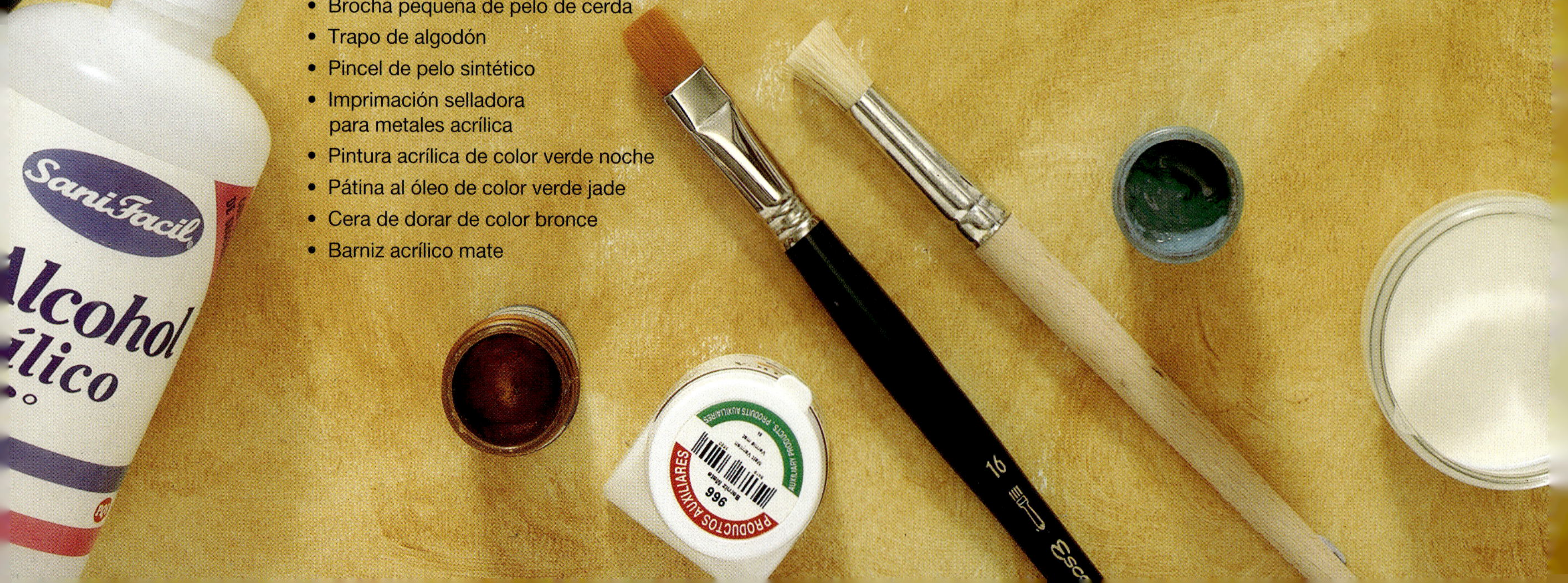

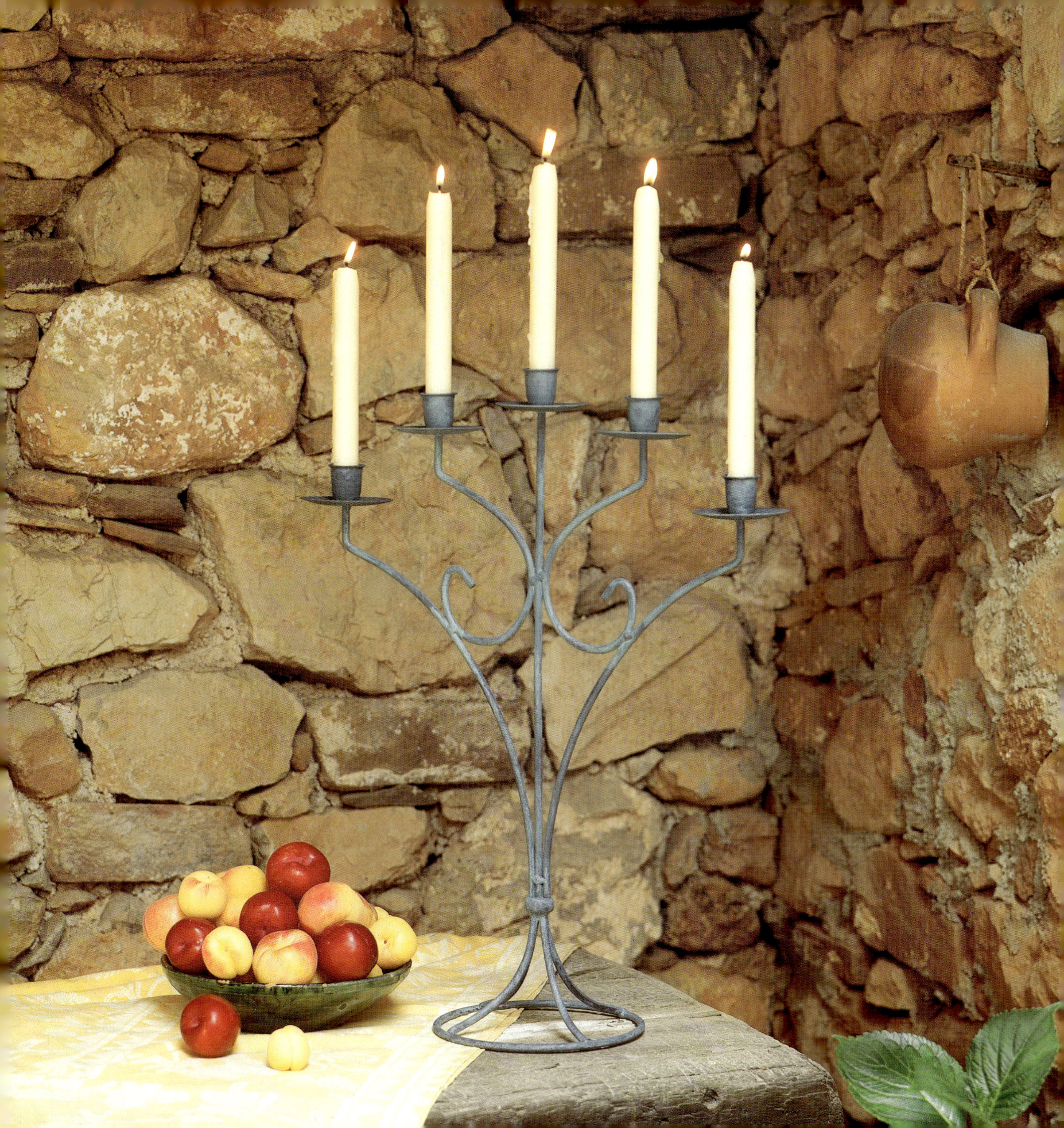

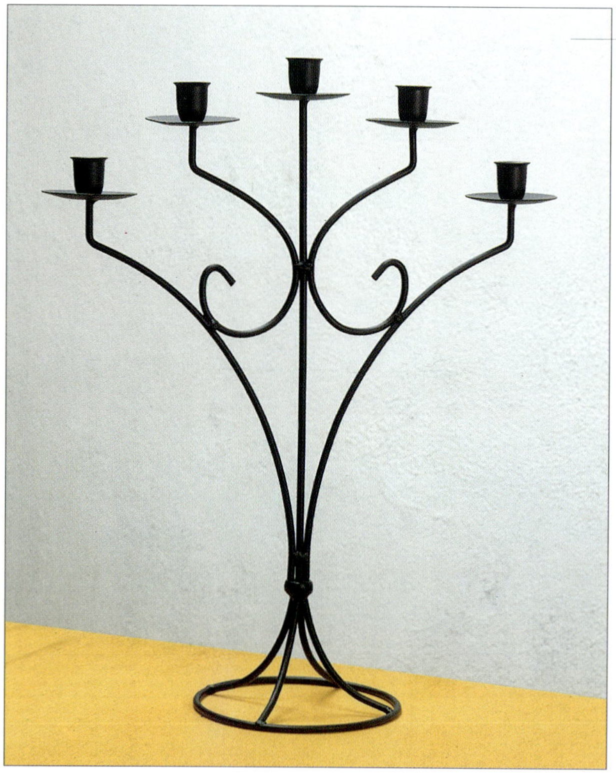

Se ha elegido el candelabro de hierro por su forma; pero cualquier objeto de características similares puede servir como soporte para aplicar la pátina verdín.

Es mejor lijar bien los metales viejos para eliminar cualquier resto de pintura u óxido en mal estado antes de dar la imprimación selladora.

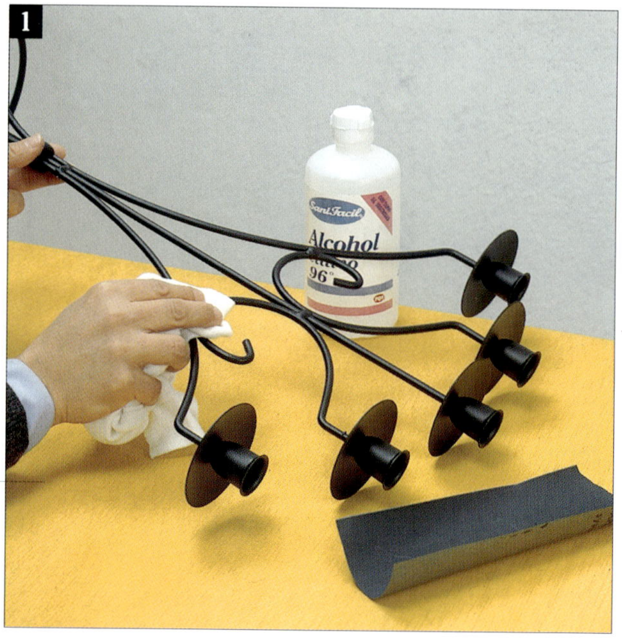

1 Se limpia la superficie con alcohol para eliminar cualquier resto de suciedad o polvo. Es muy importante dejar bien limpia toda la pieza.

2 Con la brocha pequeña de pelo de cerda se aplica la imprimación selladora que, en este caso, será para metales. Se cubren con cuidado todos los rincones y la superficie, para que la pintura posterior tenga una buena adhesión y hay que dejar que seque.

Los pinceles que se utilizan para la pintura acrílica se limpian con agua. No hay que dejar que la pintura se seque en ellos pues se estropearían.

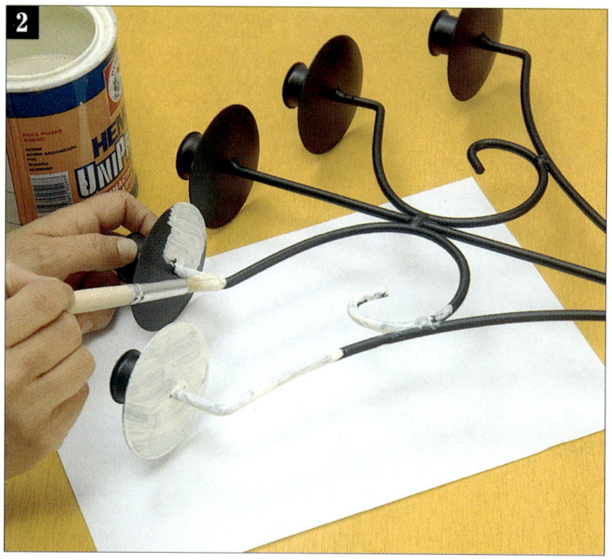

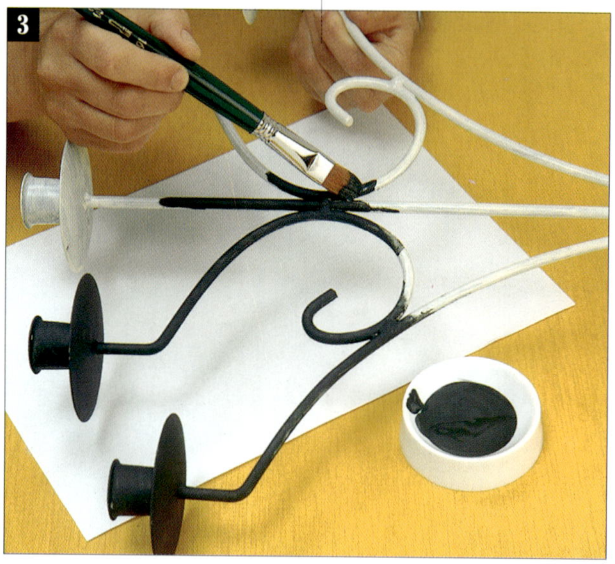

3 Con un pincel de pelo sintético se pinta toda la superficie de la pieza con la pintura acrílica de color verde noche. Una vez está seca la pintura se repasan las zonas que se crea necesario para conseguir un color homogéneo. Déjela secar.

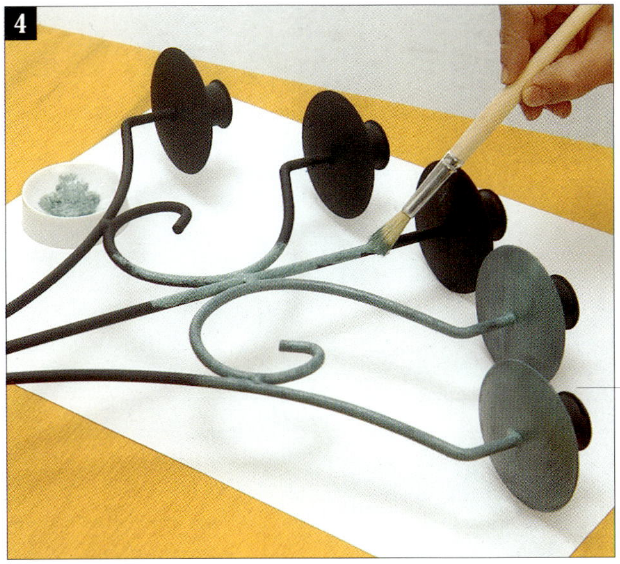
4

4 Se extiende por toda la pieza una pátina al óleo de color verde jade, de forma que los rincones queden bien cubiertos, para dar así más realidad a los efectos del verdín. En las zonas lisas, se aplicará la pátina dando golpecitos con la brocha.

Los pinceles que se utilizan para las pátinas al óleo se limpian primero con aguarrás y después con agua y jabón.

5 Antes de que la pátina se seque, se eliminará su exceso de algunas zonas, dando golpes suaves con un trapo de algodón; en los rincones se aplicará mayor cantidad. Se deja secar por completo.

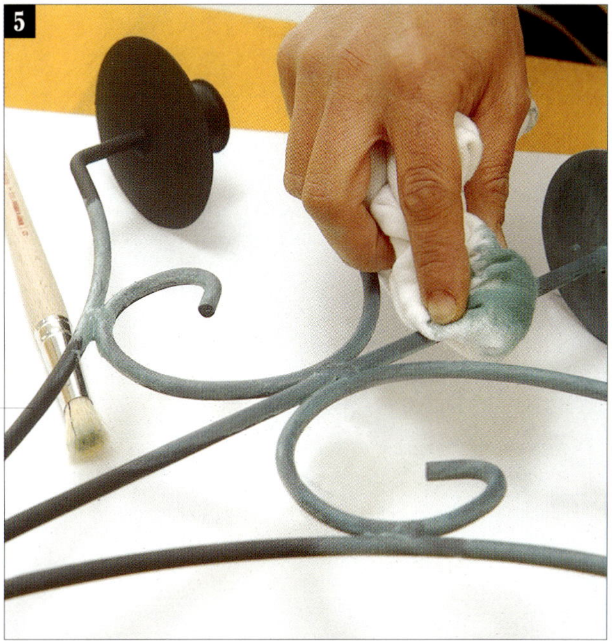
5

Si se trabaja con piezas grandes, se irá poniendo y quitando la pátina por zonas para que no se seque. Si la pátina queda muy subida de color y está seca, puede suavizarse quitándola con un trapo humedecido en aguarrás.

6 Se barniza todo el trabajo con un barniz sintético mate para que de esta manera el color de base quede protegido y se pueda trabajar mejor la pátina posterior que se da con la cera.

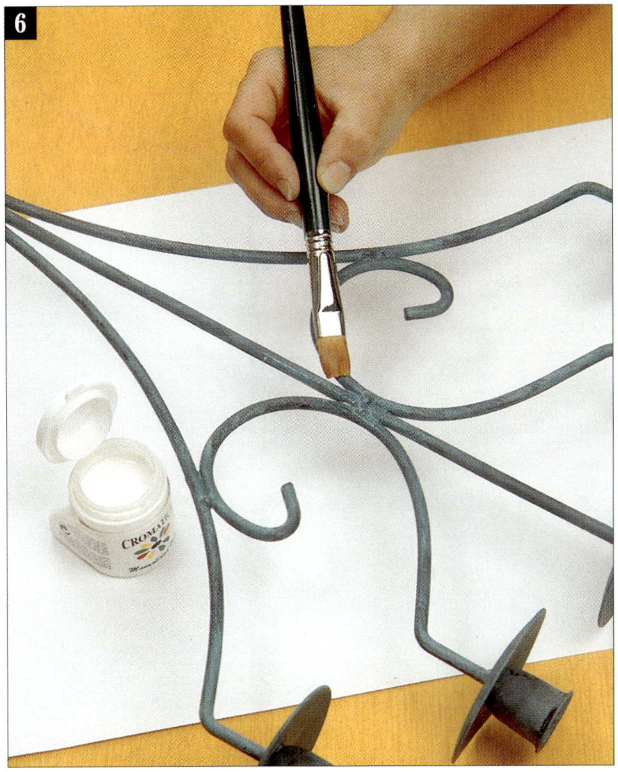
6

En caso de poner demasiada cera de dorar, puede eliminarse con un poco de aguarrás.

7 Con la ayuda de las yemas de los dedos, se coge una pequeña cantidad de cera para dorar, en este caso de color bronce. Se da muy poca cantidad, solamente unos suaves reflejos en las zonas sobresalientes. Se deja secar y se saca brillo.

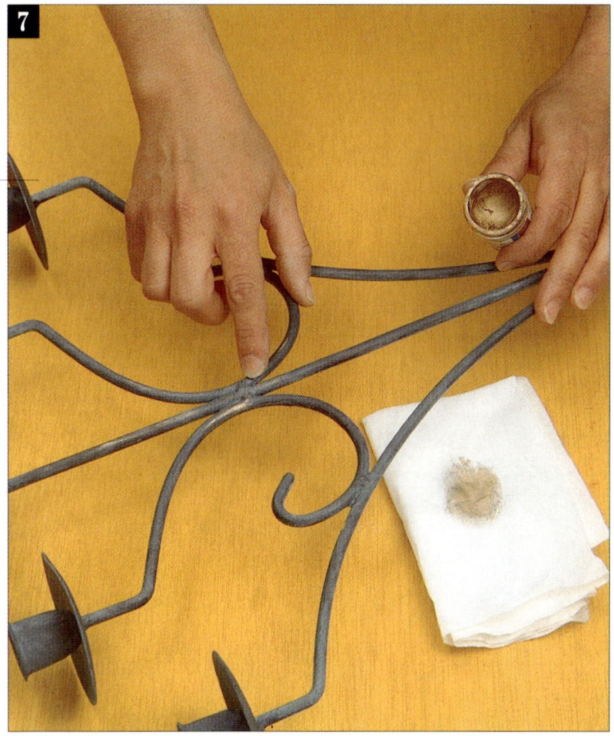
7

Busto de escayola
Efecto de piedra antigua

Las distintas técnicas de envejecimiento ofrecen un gran abanico de posibilidades cuando se desean obtener efectos decorativos. A veces, de un modo muy sencillo, se consiguen piezas de gran belleza. Sólo extendiendo de forma irregular una pátina a la cera, se puede transformar un objeto nuevo en una pieza de aspecto antiguo.

Existe una gran variedad de piezas hechas en escayola. Se ha escogido este busto por su belleza, entre otras muchas posibilidades. Este efecto es más real en piezas como ésta, así como en las arquitectónicas (capiteles, ménsulas, etc.).

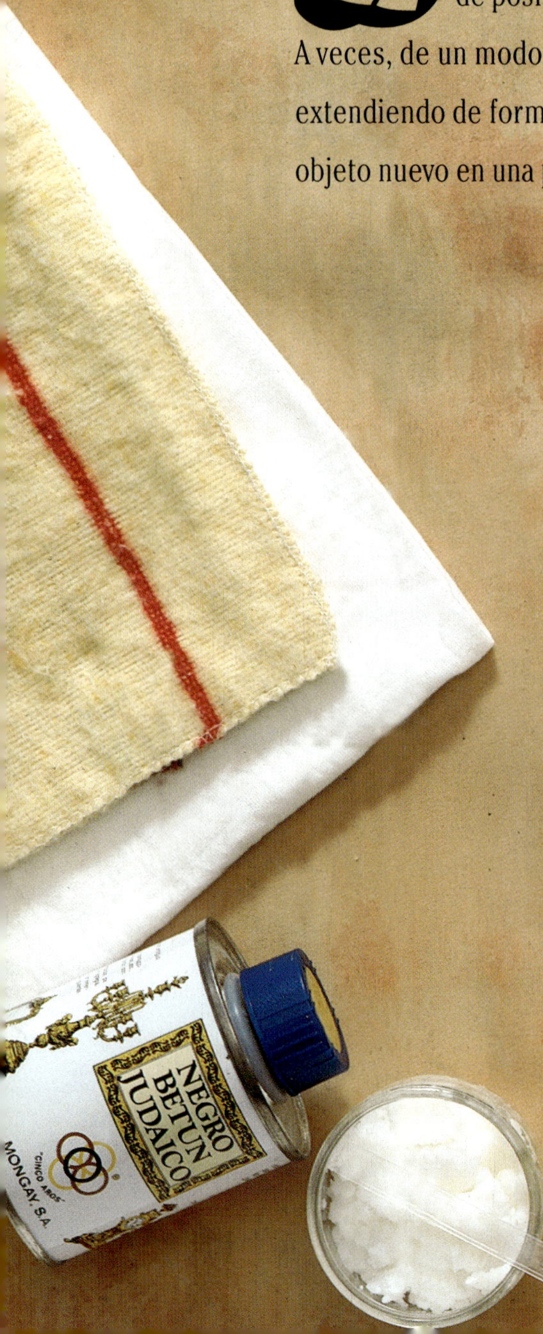

MATERIAL NECESARIO

- Papel de lija de grano fino
- Pincel de pelo duro
- Aguarrás
- Brocha mediana de pelo de cerda
- Trapo de algodón
- Brocha de pelo duro
- Cera incolora
- Betún de Judea
- Talco
- Gamuza
- Guantes de látex

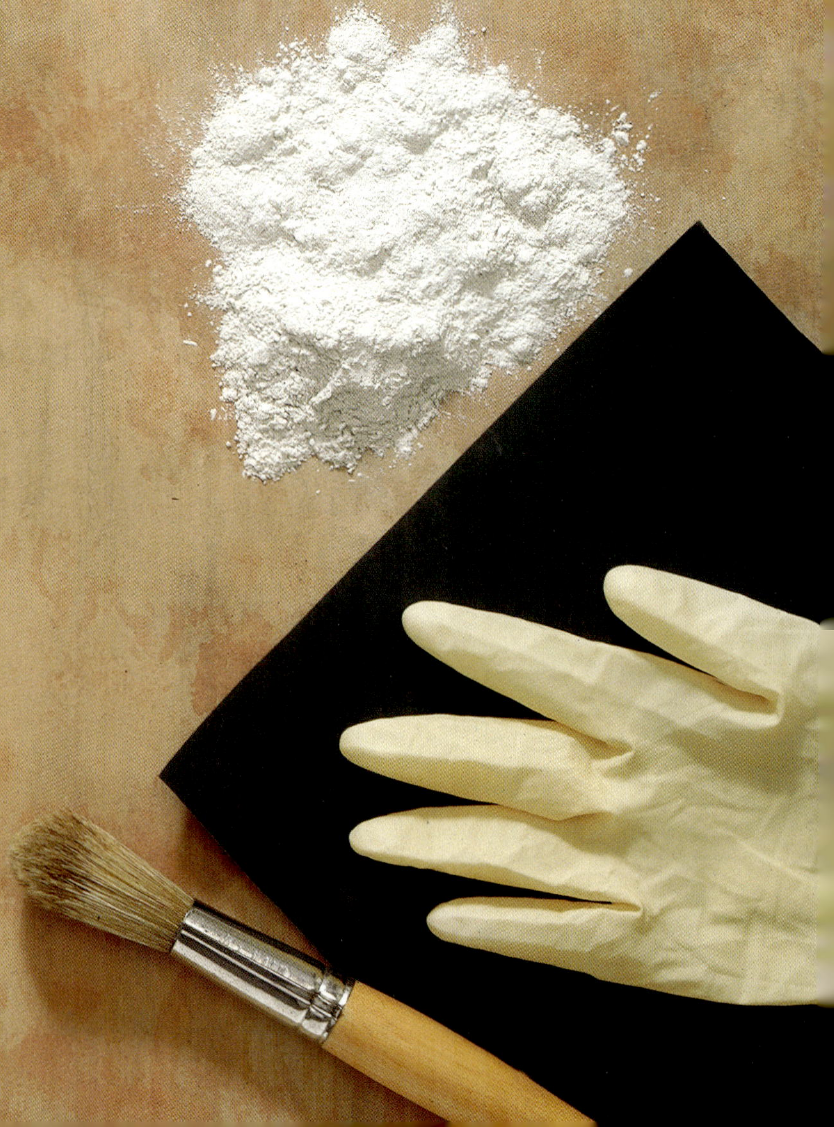

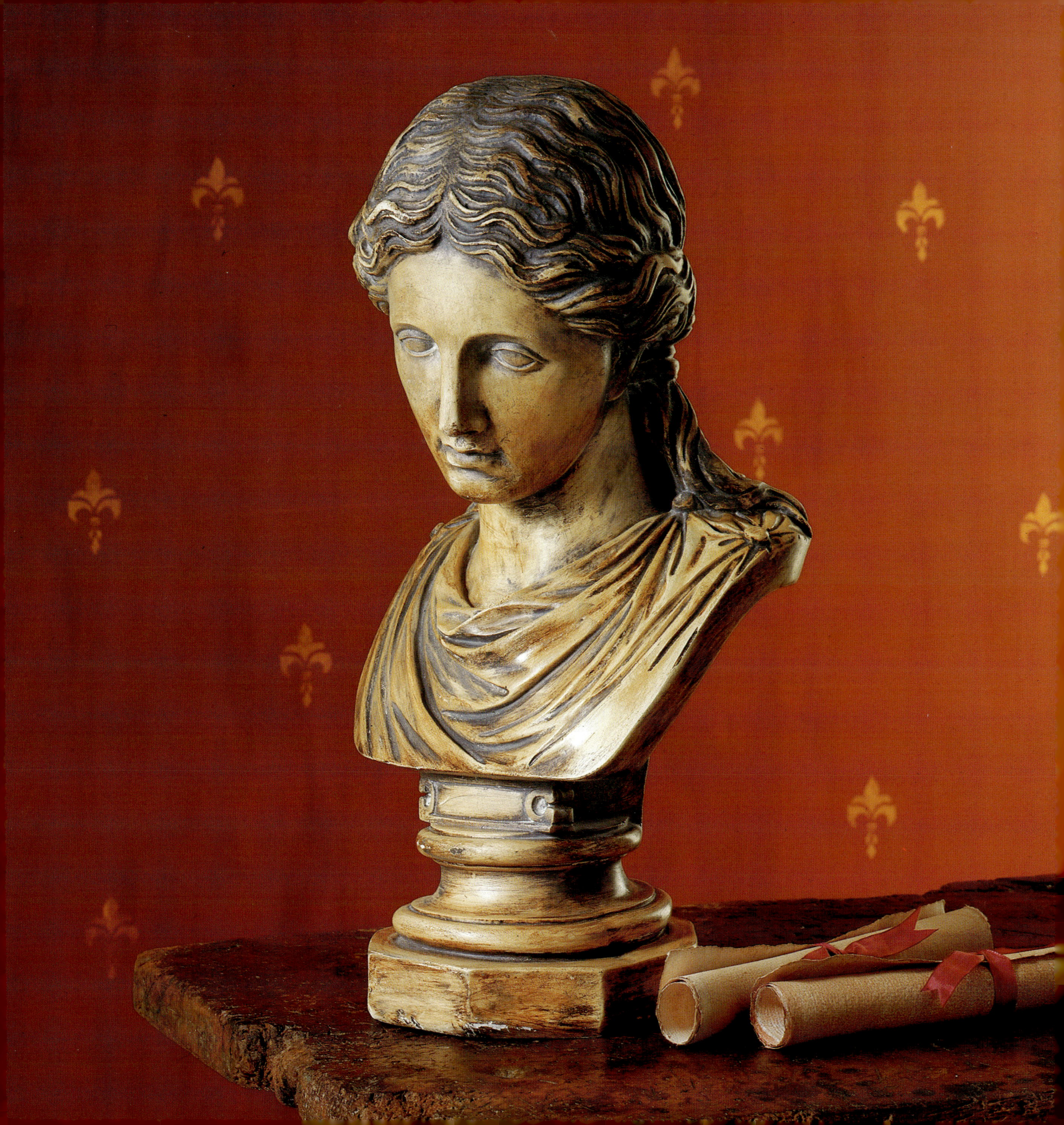

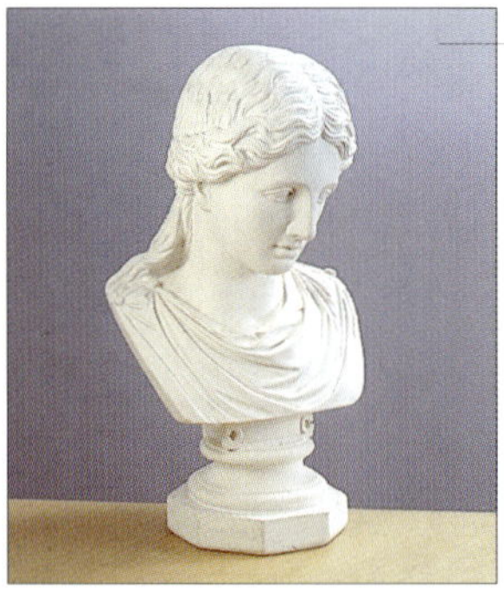

Una pieza de escayola un poco grande como este busto, siempre queda más espectacular con un efecto de piedra antigua.
En algunas piezas puede haber acumulación de polvo en los recovecos, que se eliminará con un pincel para que la pátina se adhiera mejor a la superficie.

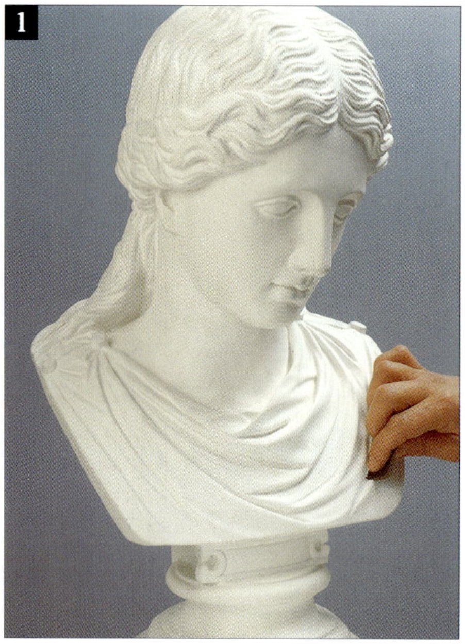

1 Con la lija se eliminará cualquier imperfección que presente la pieza.

2 Se prepara la pátina a la cera con betún de Judea y cera incolora a partes iguales. Hay que remover bien la mezcla para conseguir una pasta homogénea.

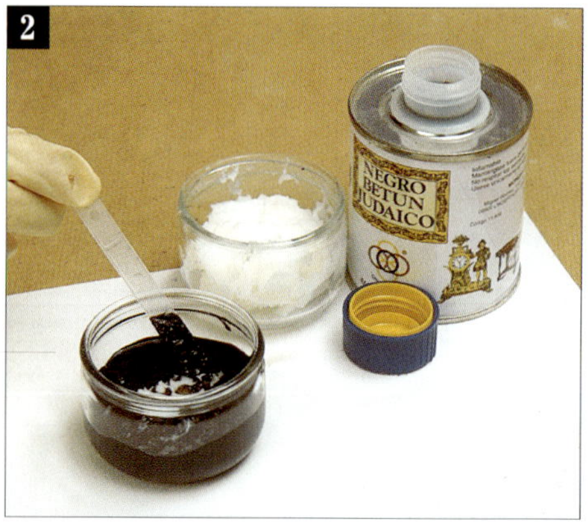

Para no manchar la superficie en la que se trabaja se pondrá un trozo de cartón encima.

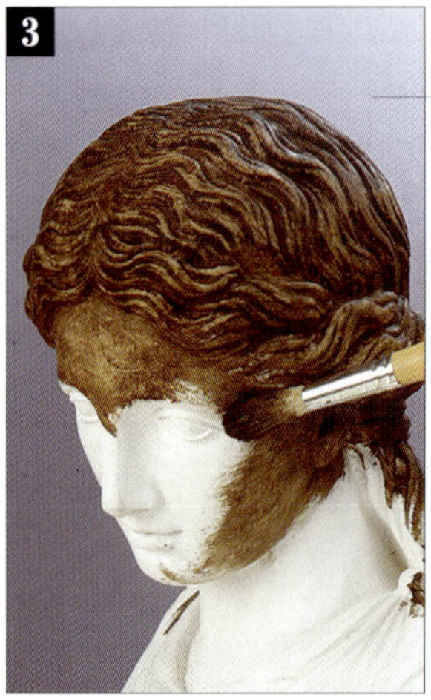

Se debe usar aguarrás para la limpieza de la brocha. Después se lavará bien con agua y jabón. De esta forma se conservará mejor el pelo.

3 Con la brocha se extiende la pátina por todo el objeto, insistiendo en los bajorrelieves. En las zonas lisas se extenderá la pátina mediante suaves golpes.

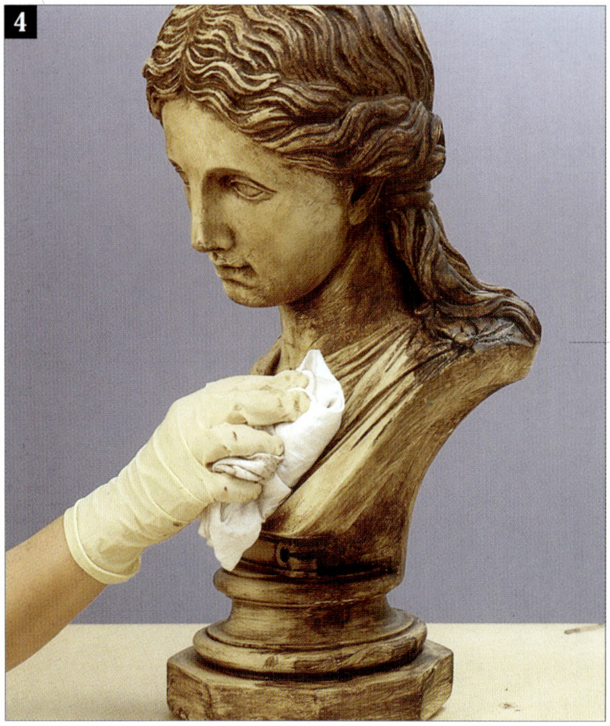

4 Si es necesario, se retirará el exceso con un trapo de algodón, dando golpecitos suaves.

Para extender este tipo de pátina se deben usar guantes de látex, ya que resulta muy difícil eliminarla de la piel.

5 Si la pátina queda demasiado oscura, puede suavizarse con un trapo y cera incolora. De esta forma, el efecto será mucho más claro.

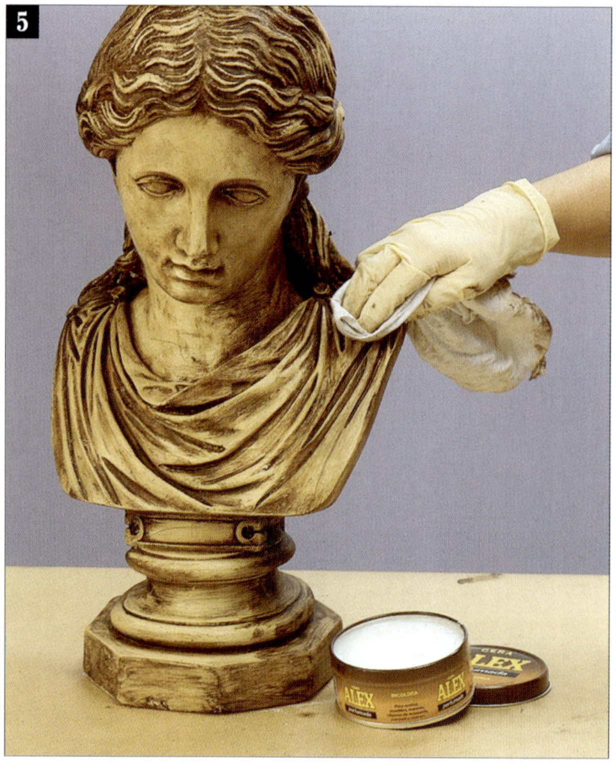

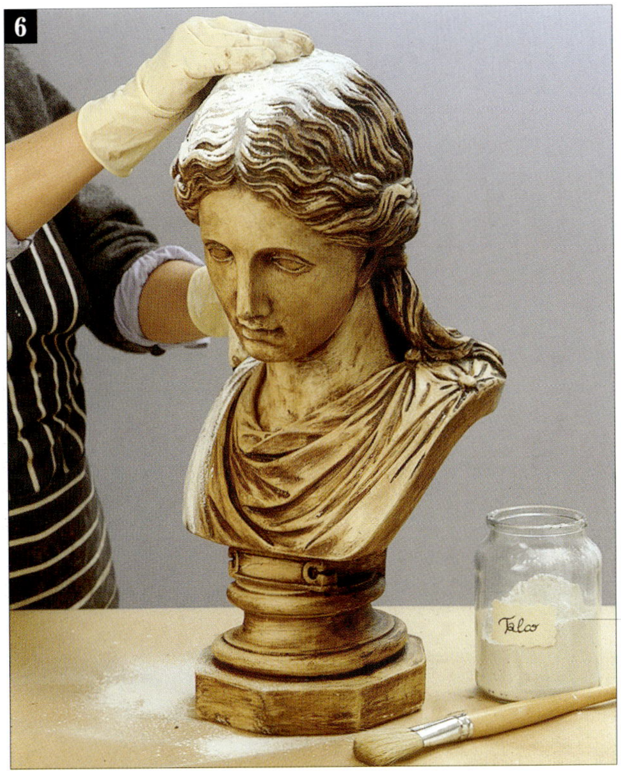

6 Antes de que la pátina se seque, se aplica el talco por toda la pieza, prestando especial atención a los bajorrelieves. Se puede utilizar talco industrial, que es más económico que el talco de farmacia.

7 Con una brocha de pelo de cerda más duro se acaba de fijar el talco en todos los rincones del objeto. Se deja secar durante 24 horas para que el talco quede bien fijado con la cera.

El talco proporciona un aspecto polvoriento a la pieza. Según el criterio personal, se dejará más o menos cantidad en los bajorrelieves.

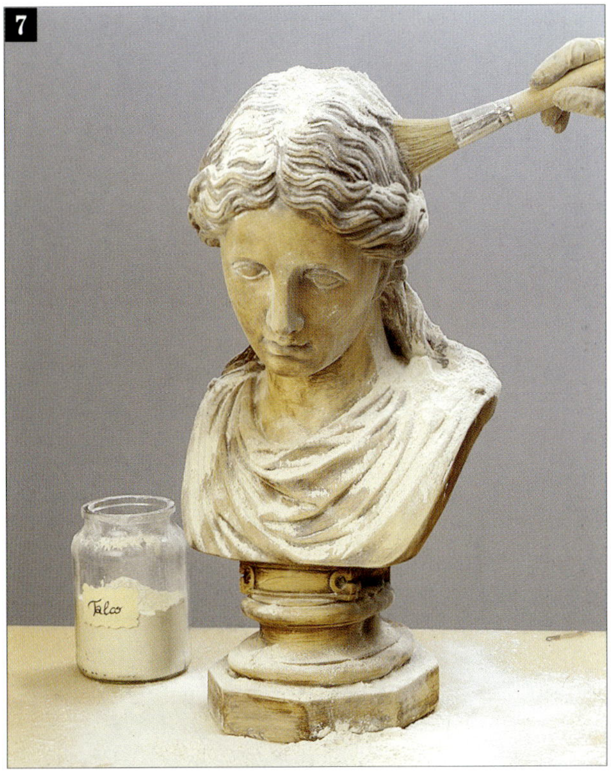

8 Cuando esté seco, hay que retirar el exceso de talco de la pieza, lo cual se llevará a cabo con el pincel en los rincones. Siempre debe dejarse algo de talco en los recovecos.

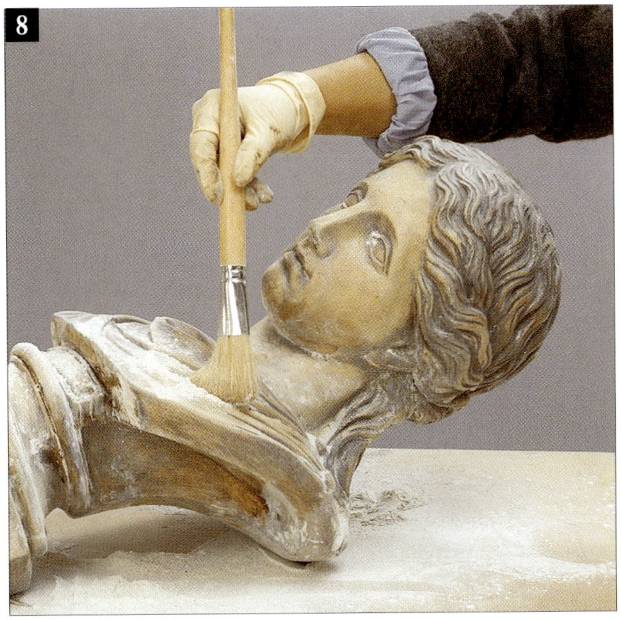

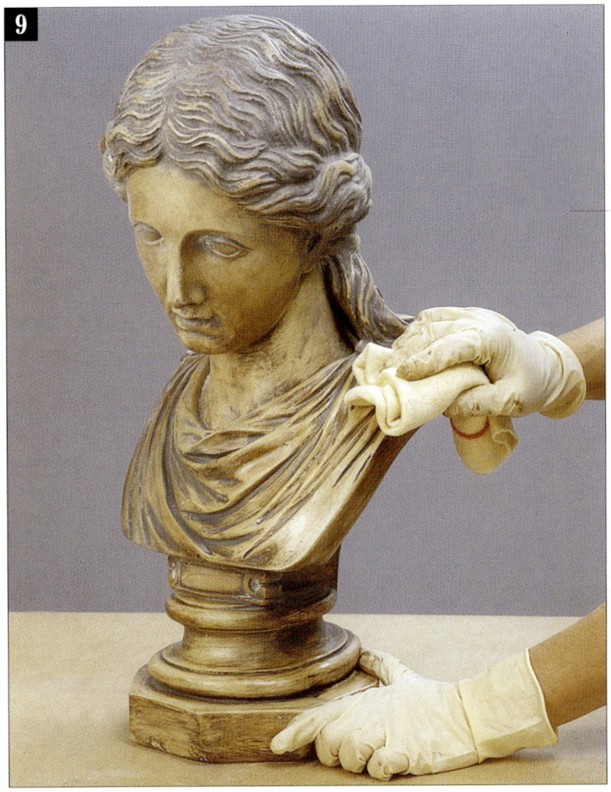

Pueden conseguirse distintos tonos como acabado, desde muy oscuro a más claros, esto será un poco al criterio de cada uno o a la decoración donde se tenga que integrar la pieza.

9 Por último, se lustrará la pieza con una gamuza. Con esto se consigue un acabado más o menos satinado y de tacto muy agradable.

Sol de papel cartón
Efecto de bronce

En este proyecto se parte de un objeto realizado en papel cartón. El objetivo está en conseguir una pátina de envejecimiento que simule que la pieza es de bronce. Este aspecto tan vistoso se logra superponiendo capas de pintura y, una vez envejecidas, realzando el acabado con cera de dorar.

En este caso, el objeto escogido es de papel cartón, pero este acabado puede aplicarse sobre cualquier otro tipo de superficie (escayola, marmolina, plástico, etc.).

MATERIAL NECESARIO

- Pincel plano de pelo sintético
- Pincel redondo de pelo de cerda
- Papel absorbente
- Trapo de algodón
- Imprimación selladora acrílica
- Pintura acrílica de colores rojo inglés, oro bronce y gris pardo oscuro
- Cera de dorar de color bronce
- Cera incolora
- Gamuza

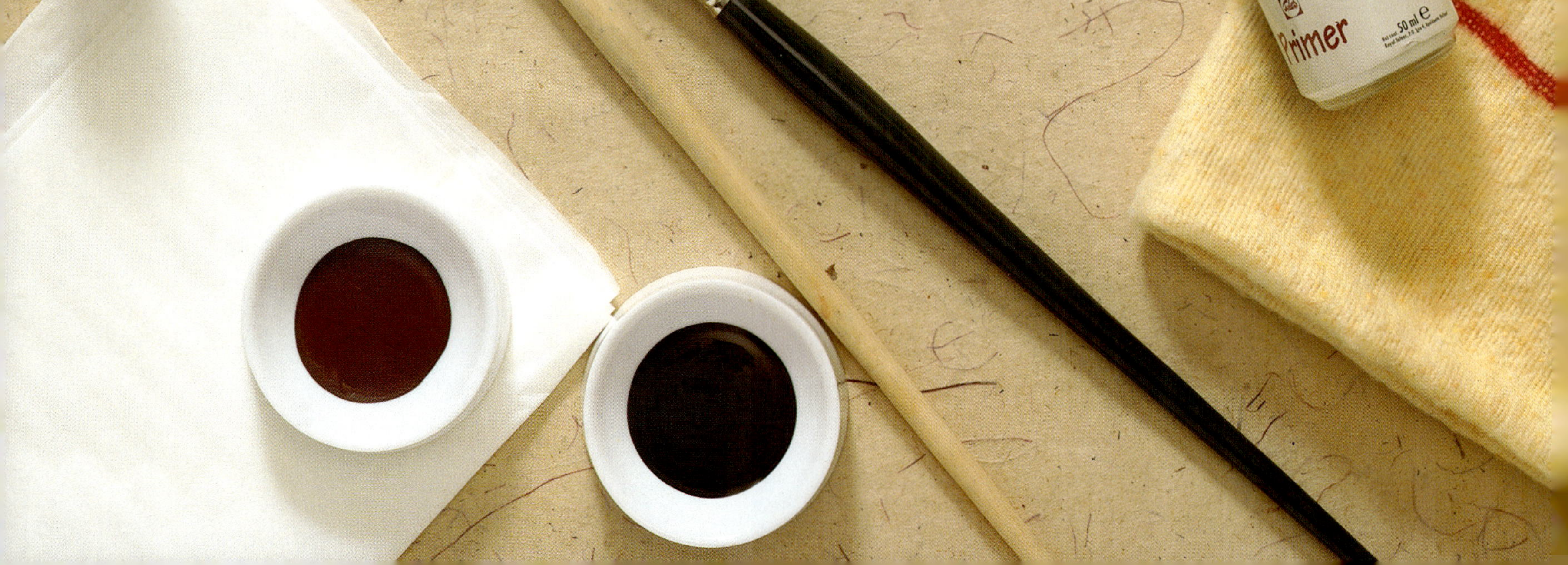

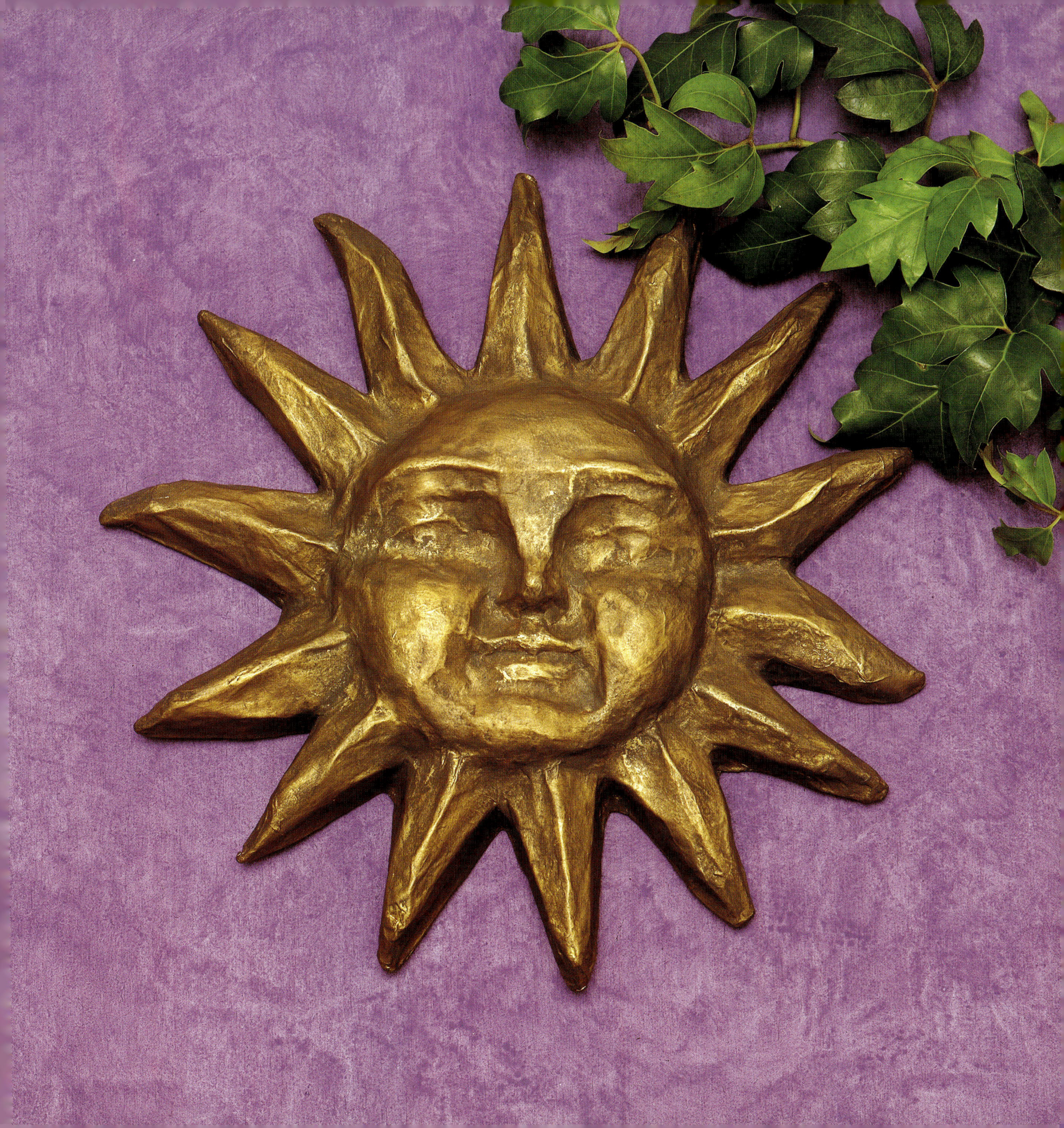

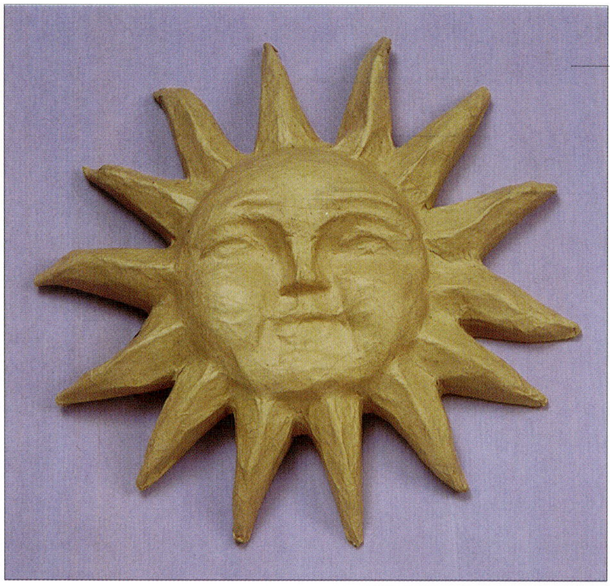

Para conseguir un efecto de bronce se ha elegido este sol de papel cartón que adquiere una pátina de envejecimiento tras el proceso descrito y que puede aplicarse a cualquier tipo de material.

El tiempo de secado de la imprimación selladora dependerá del fabricante. Lea las instrucciones que aparecen siempre en el envase.

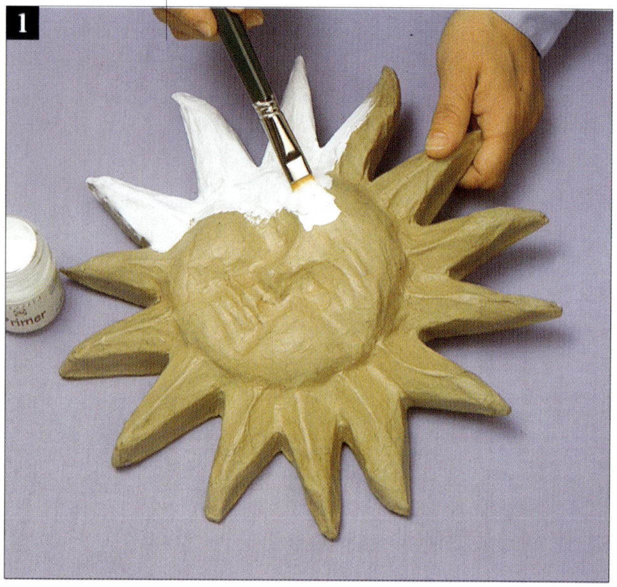

1 Con el pincel plano se extiende la imprimación selladora acrílica por todo el objeto y se deja secar.

2 Se pinta toda la pieza con la pintura acrílica de color rojo inglés hasta conseguir un tono uniforme y si es necesario, se aplica una segunda capa. Hay que dejar que se seque.

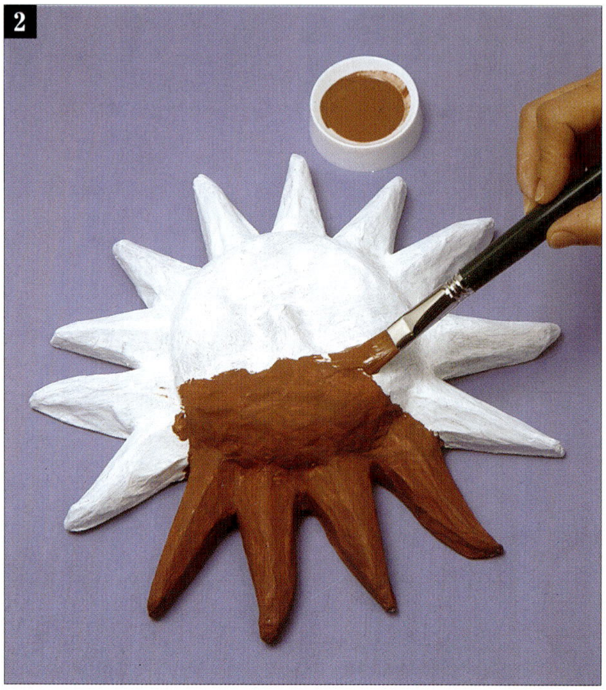

El efecto que se consigue dejando descubiertas algunas partes del primer color es muy decorativo.

3 Seguidamente se aplica la pintura acrílica de color oro bronce por toda la superficie y de forma irregular, dejando entrever algo del color rojo inglés de la capa anterior. Se deja secar bien, como mínimo durante 2 horas.

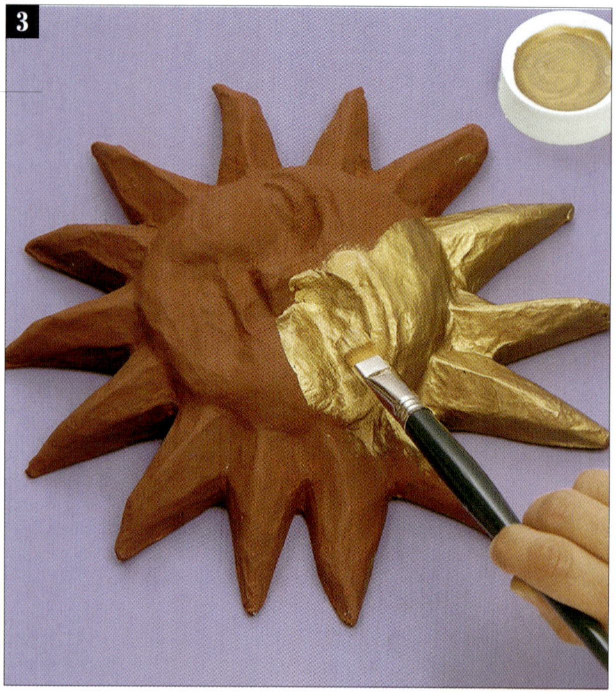

4 Con el pincel redondo de pelo de cerda se aplica por zonas el color gris pardo oscuro insistiendo en los bajorrelieves.

Esta pátina oscura se trabaja por zonas porque seca muy rápido.

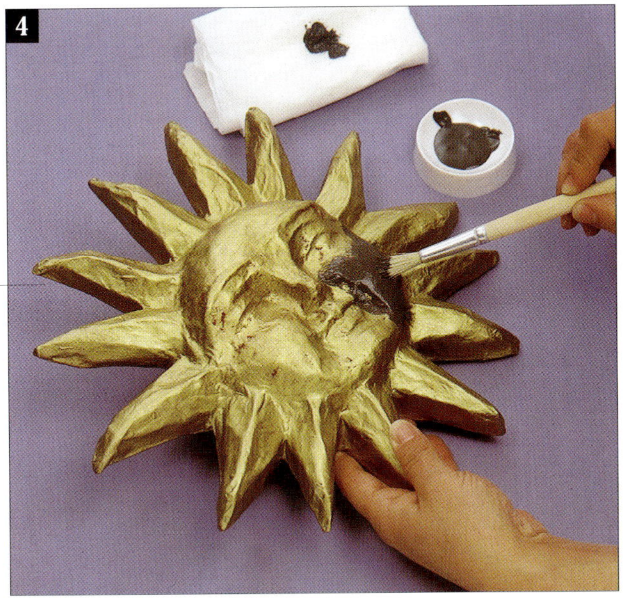

Con el trapo de algodón se debe retirar el exceso de pintura a golpecitos, sin frotar, porque el efecto que se obtiene es más decorativo.

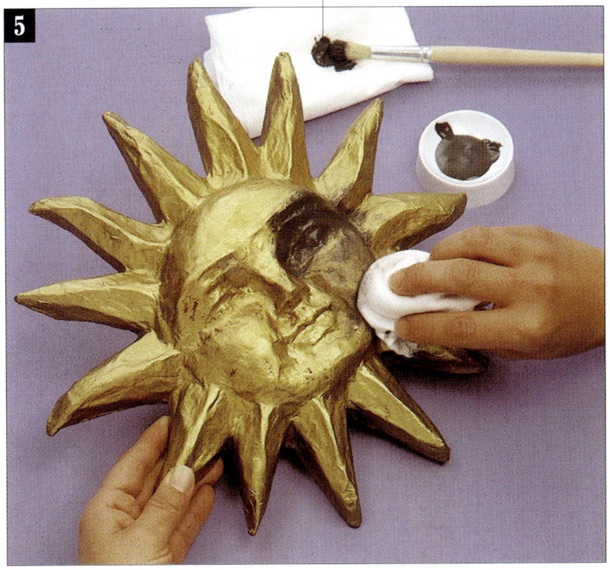

5 Con la ayuda de un trapo de algodón, se retira el exceso de pintura oscura para dejar entrever el color oro bronce, dejando en los bajorrelieves el tono más oscuro. Se seguirá trabajando hasta cubrir todo el objeto y se deja secar.

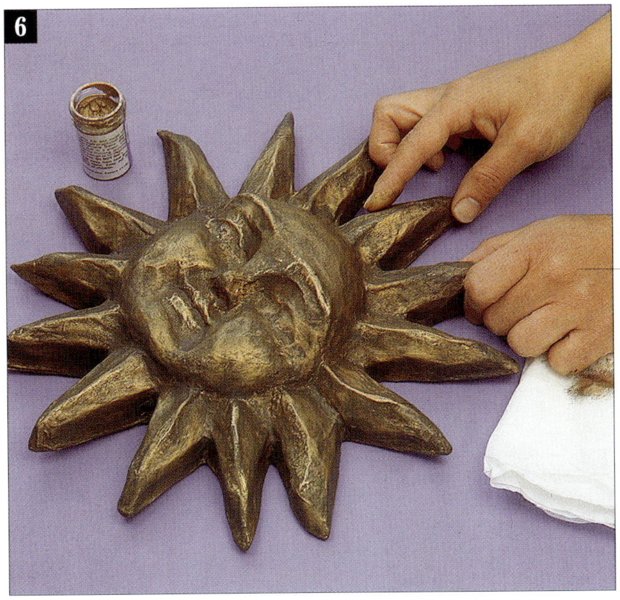

Antes de aplicar la cera de dorar a la pieza, hay que hacer pruebas de intensidad sobre un papel. Con muy poca cantidad es suficiente.

6 Se coge la cera de dorar con la yema de los dedos y se extiende, el exceso se retira con papel absorbente. De igual forma, se dan reflejos suaves por toda la pieza con mayor y menor intensidad. Si al aplicar la cera de dorar el efecto queda demasiado exagerado, se debe pasar un trapo de algodón con un poco de cera incolora sobre la zona para suavizar el exceso. Hay que dejar que se seque bien.

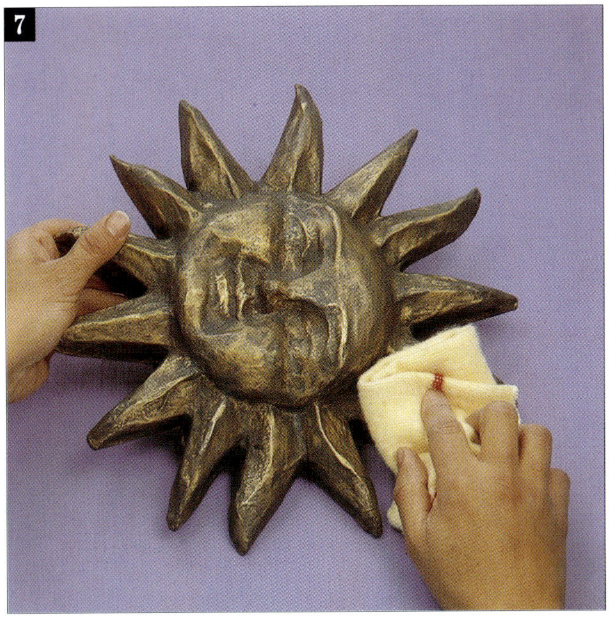

7 Se saca brillo a todo el objeto con una gamuza suave, así se puede comprobar el efecto decorativo conseguido con las ceras de dorar.

Bandeja de madera
Estarcido envejecido

Las técnicas utilizadas en este proyecto pueden aplicarse sobre otros objetos de dimensiones mayores. La imaginación al elegir los motivos y el colorido permite conseguir efectos muy decorativos.

En este proyecto se emplean dos técnicas: el envejecimiento de la madera y el estarcido. El estarcido es un diseño propio transferido a una lámina de acetato; en este caso se trata de un motivo sencillo inspirado en un estampado de tulipanes. Con el envejecimiento de la madera se consigue un efecto más cálido y decorativo que puede proporcionar un aire rústico.

MATERIAL NECESARIO

- Papel de lija de grano medio
- Papel de lija de grano fino al agua
- Paletina mediana
- Paletina de pelo corto ancha
- Pinceles para estarcido
- Brocha mediana
- Trapo de algodón
- Gamuza
- Papel absorbente
- Imprimación selladora para madera acrílica
- Pintura acrílica de color ocre amarillo claro
- Pátina al agua de color ocre rojizo oscuro
- Pintura acrílica de colores: verde, violeta, rojo y amarillo
- Barniz sintético mate
- Pátina al óleo de color marrón oscuro

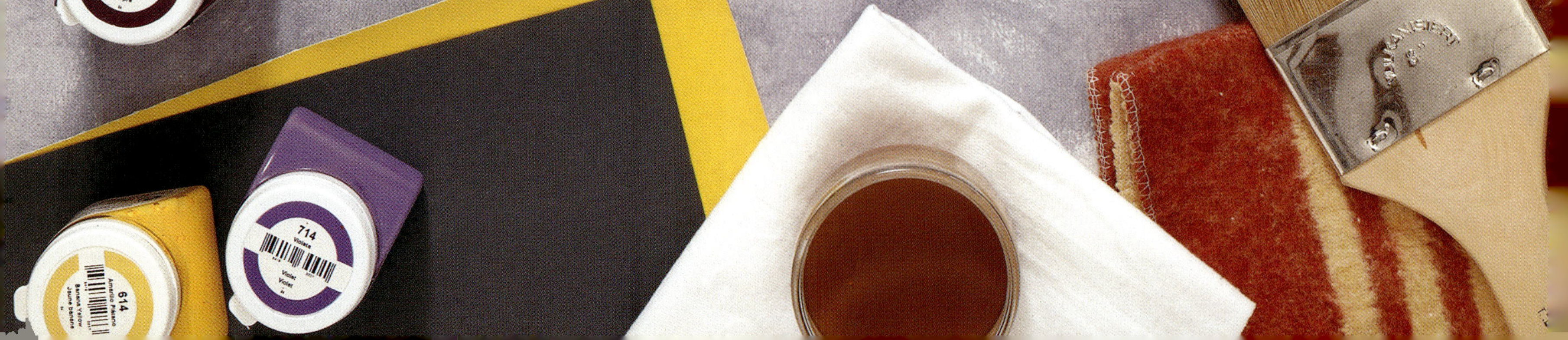

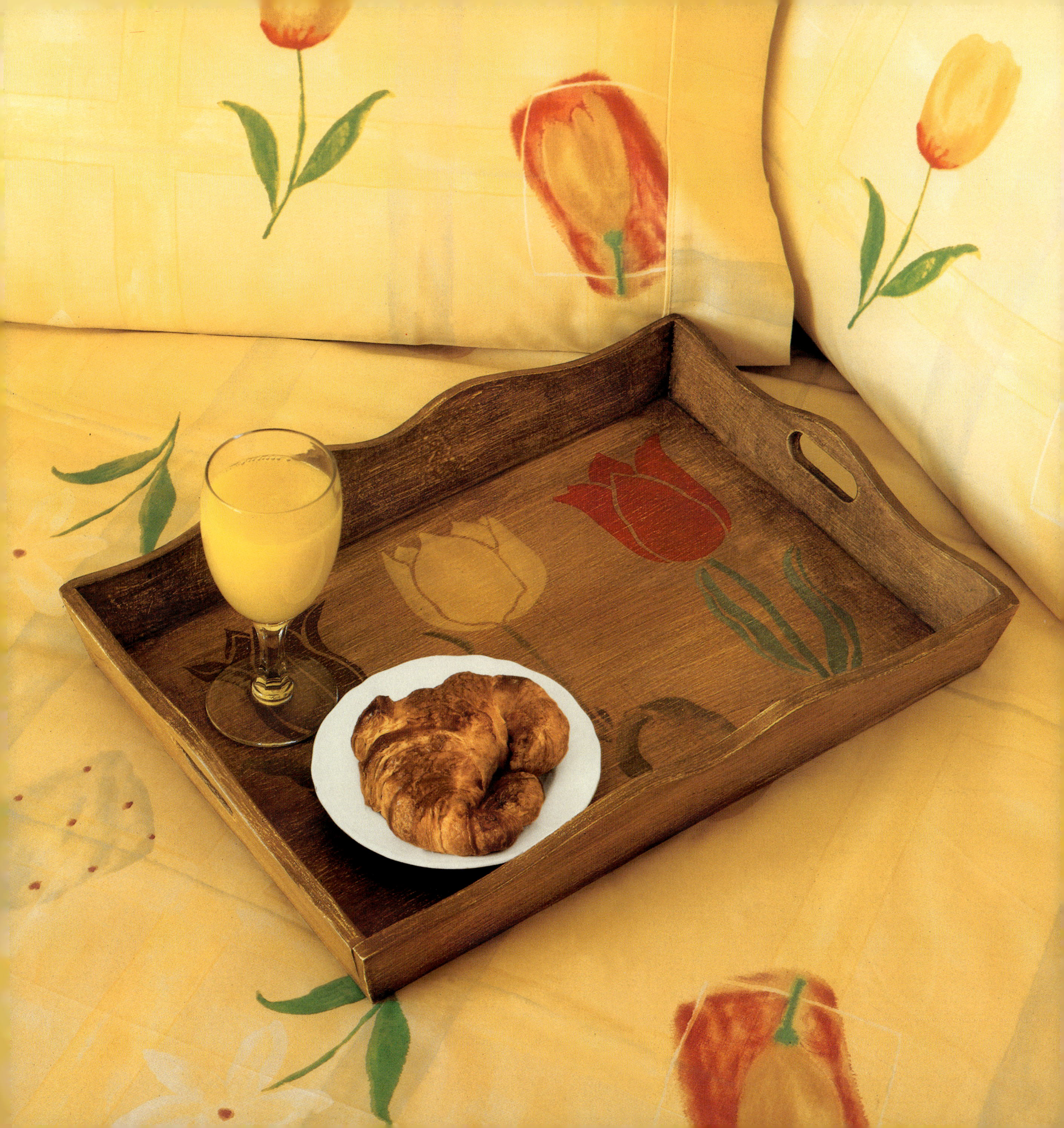

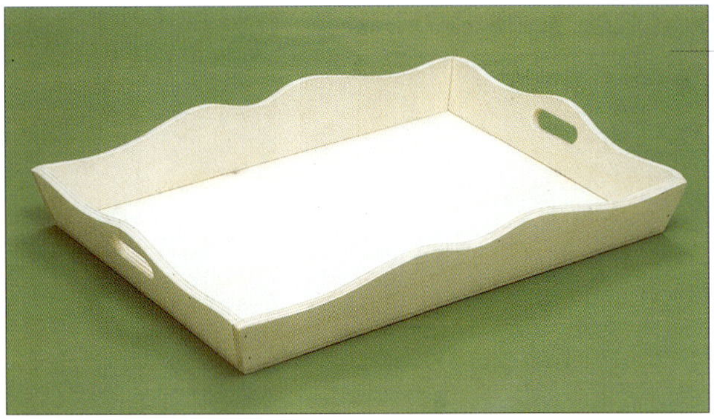

Para que esta bandeja de madera presente un aspecto rústico, se ha aplicado el proceso de envejecimiento y estarcido que se muestra en este proyecto.

1 Una vez alisada la superficie con una lija de grano medio para abrir el poro, se extiende con una paletina mediana una imprimación selladora por toda la superficie que se tiene que decorar, y se deja secar. La imprimación selladora deja un tacto áspero, por este motivo hay que lijarla suavemente para conseguir una mejor adherencia de la pintura posterior.

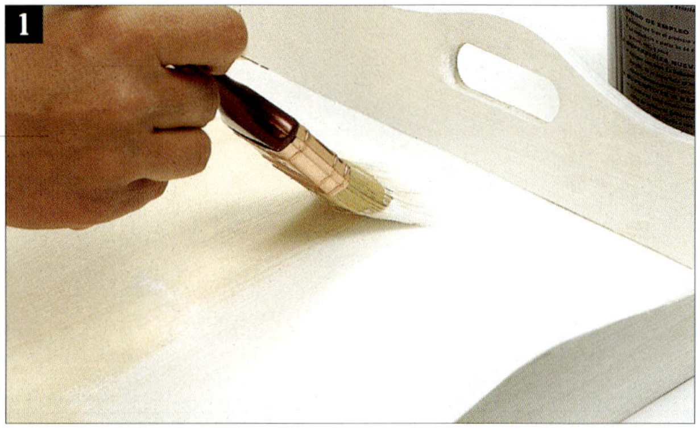

Si se trata de un objeto con dos caras, como es el caso de la bandeja, se extiende la imprimación por una, se deja secar y luego se aplica por la otra cara.

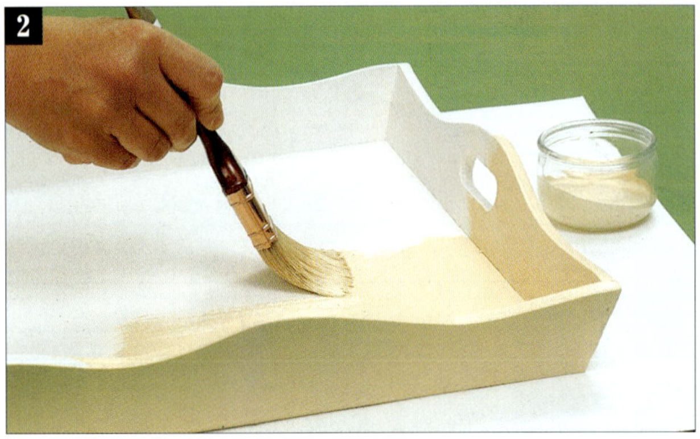

2 Luego, se extiende la pintura acrílica de color ocre amarillo claro por todo el objeto hasta cubrir totalmente la superficie: primero por un lado y luego por el otro, dejando que se seque en ambos pasos.

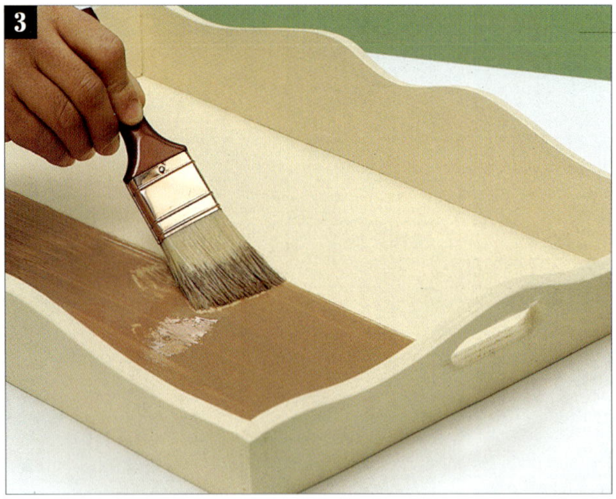

Cuando se extiende una pátina al agua, para conseguir un efecto de arrastrado, se trabaja antes de que se seque. Por este motivo se realiza por pequeñas zonas.

3 Se prepara una pátina al agua de color ocre rojizo oscuro. Con la paletina mediana se extiende en una dirección por zonas.

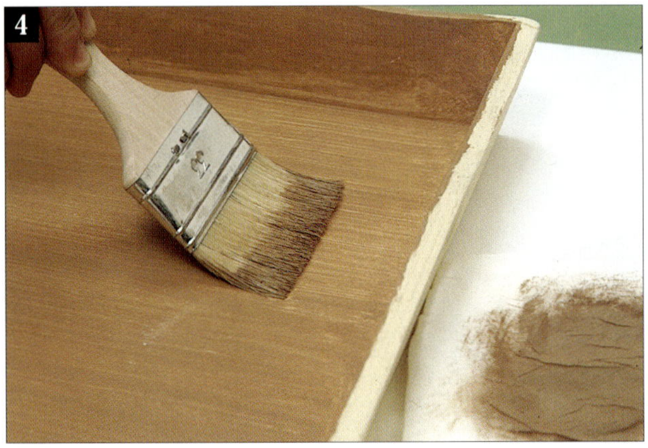

4 Con una paletina de pelo corto seca, se peina la superficie que se ha cubierto de pátina al agua. Debe hacerse en una dirección, como si se tratase de la veta de la madera. De vez en cuando hay que limpiar bien la paletina con papel absorbente.

5 Se dejan pequeños trozos de lija de grano fino en remojo. Una vez mojada, se frota de forma suave en una dirección para conseguir un efecto de desgaste.

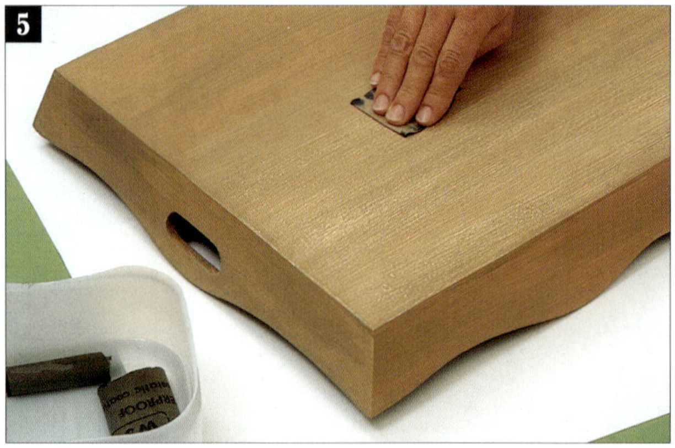

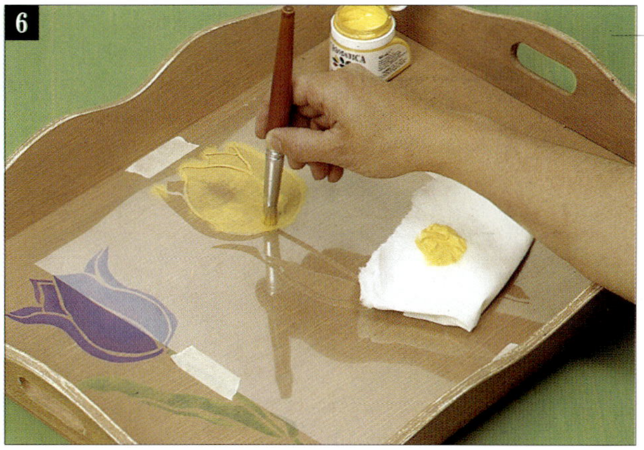

Para pintar estarcido se debe utilizar un pincel para cada color, así todos los colores quedan nítidos. Asimismo, el pincel estará bien seco.

Si quiere conseguirse un efecto más desgastado de la pieza, se puede obtener utilizando una lija de grano medio seca. También se consigue más o menos desgaste según la intensidad con la que se lije.

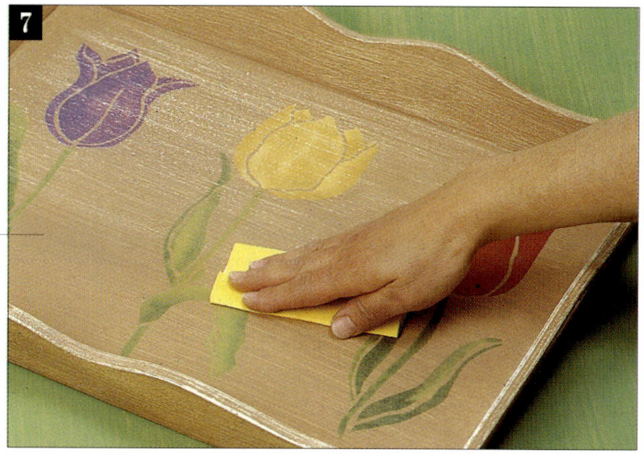

6 Se coloca la plantilla de estarcido distribuyéndola sobre la superficie y se sujeta con tiras de cinta adhesiva de papel. Se van aplicando los colores con movimientos circulares de la brocha en posición perpendicular a la superficie.

7 Una vez que el estarcido está seco, con la lija de grano medio se lija sobre el dibujo para conseguir el mismo efecto de desgaste que en el resto de la pieza.

8 Con la brocha se barniza para proteger la superficie con un barniz sintético mate, extendiéndolo por toda la superficie. La capa de barniz tiene que estar bien extendida para que no queden goterones.

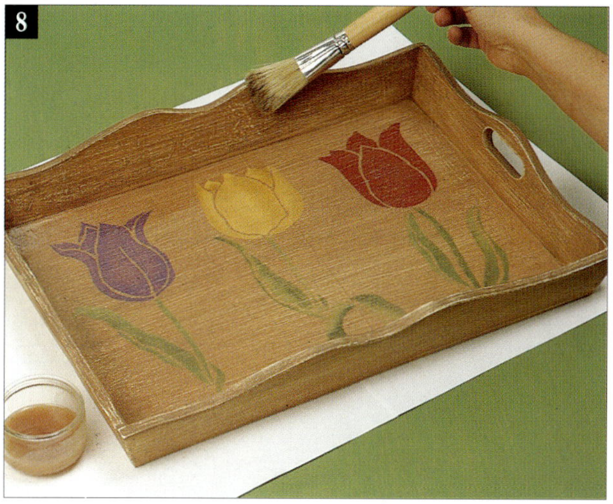

10 Con una gamuza o trapo de algodón suave se saca lustre a toda la pieza.

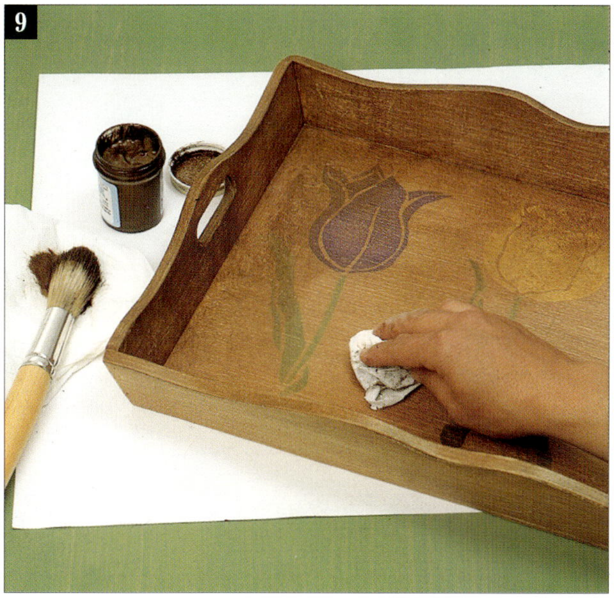

9 Para conseguir un efecto de envejecimiento se utiliza una pátina al óleo de color marrón oscuro. Con la brocha mediana se extiende una capa fina de pátina por toda la superficie. Antes de que se seque la pátina, con un trapo de algodón suave se acabará de extender y retirar el exceso de pátina a golpecitos suaves. Se dejan zonas más oscuras en los ángulos y otras más claras en el centro de la pieza. Debe dejarse secar.

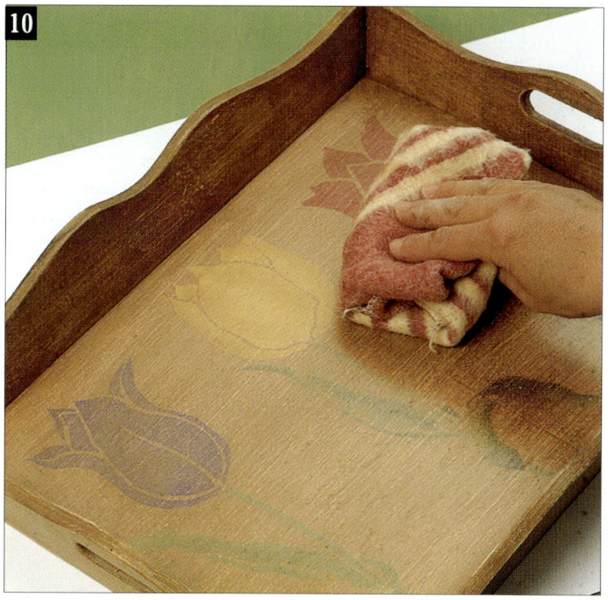

Las bolas de porexpán pueden ser útiles en distintas decoraciones. Una de las más comunes es la de árboles de Navidad, también para centros de mesa, o cualquier otra utilidad imaginable.

Bolas de Navidad
Ceras y pátinas

Las ceras de dorar y las pátinas de envejecer nos permiten obtener gran variedad de acabados. Con superficies tan simples como el porexpán pueden conseguirse acabados de gran efecto decorativo. En el mercado se pueden encontrar numerosos objetos de este material. Uno de los más corrientes son las bolas, que se encuentran en diversos tamaños.

MATERIAL NECESARIO

- Papel de lija de grano fino
- Trapo de algodón
- Paletina de pelo sintético pequeña
- Paletina de pelo sintético suave
- Brocha pequeña de pelo de cerda
- Masilla
- Pintura acrílica de color granate
- Ceras de dorar de colores oro, oro viejo y cobre
- Pátina al agua de color marrón oscuro
- Palillo de madera

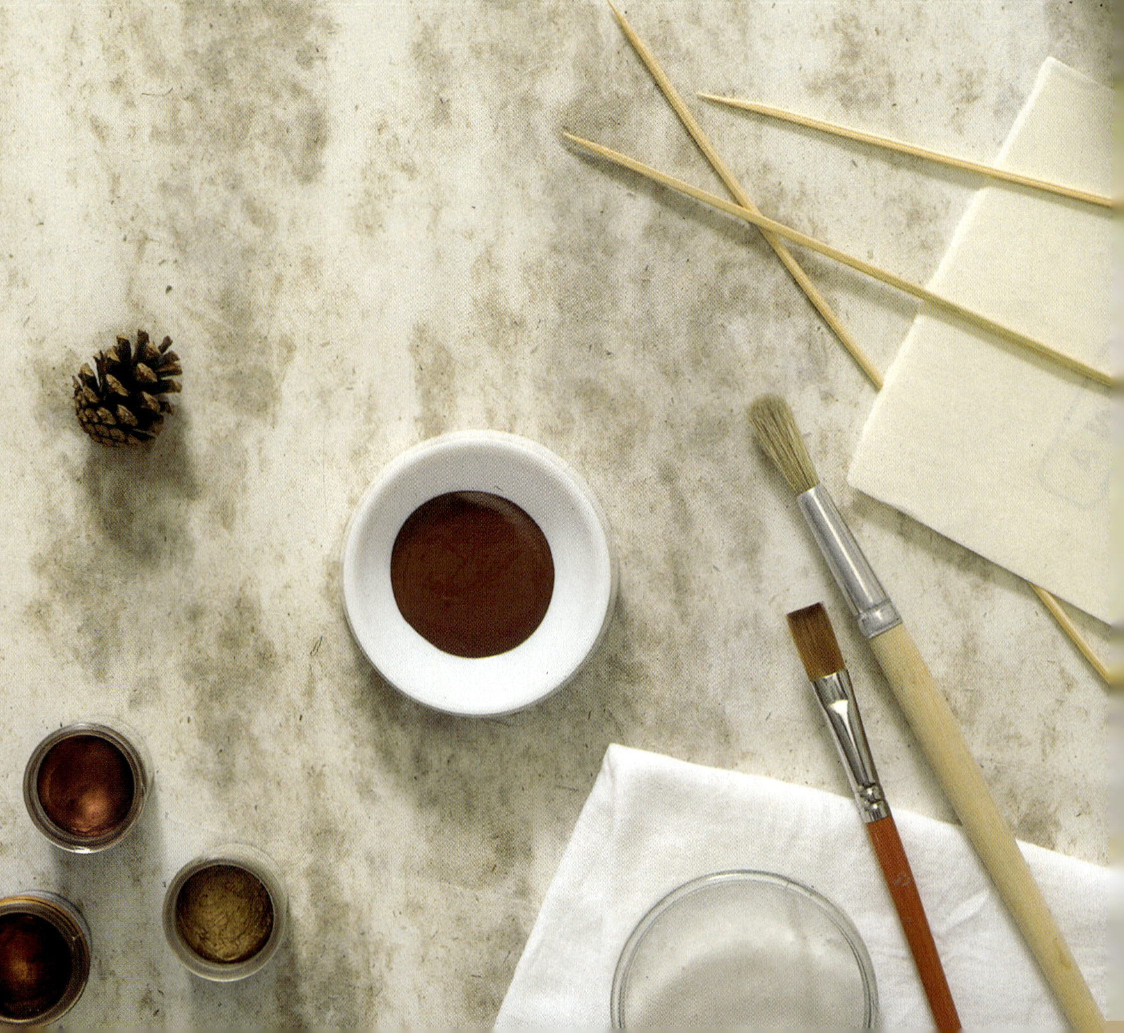

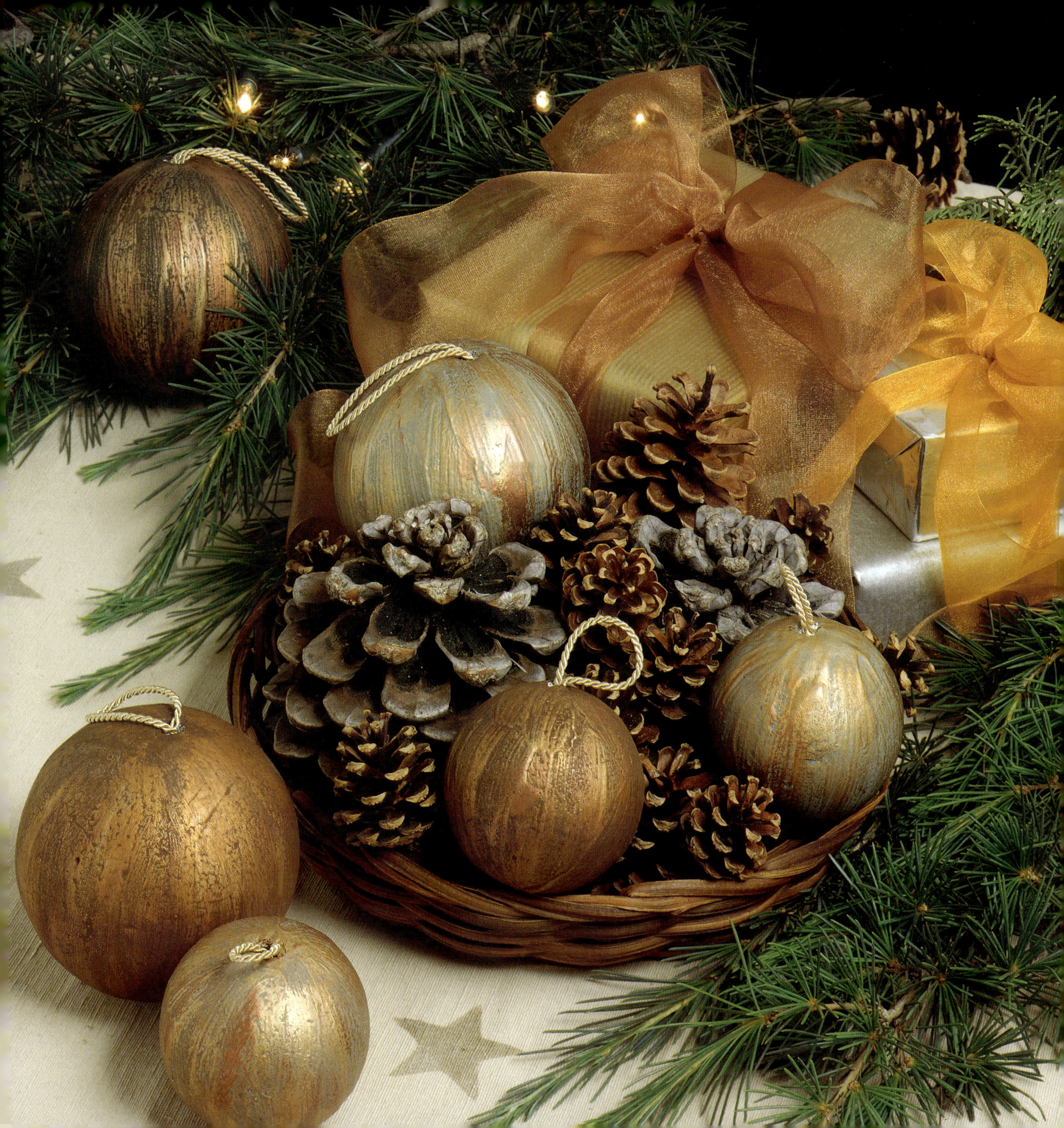

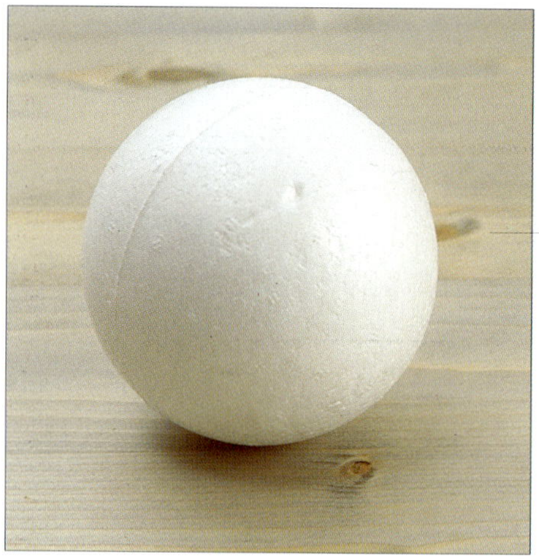

Bola de porexpán. En este proyecto se trata de transformar el aspecto de este objeto mediante una pátina de envejecimiento y ceras de dorar.

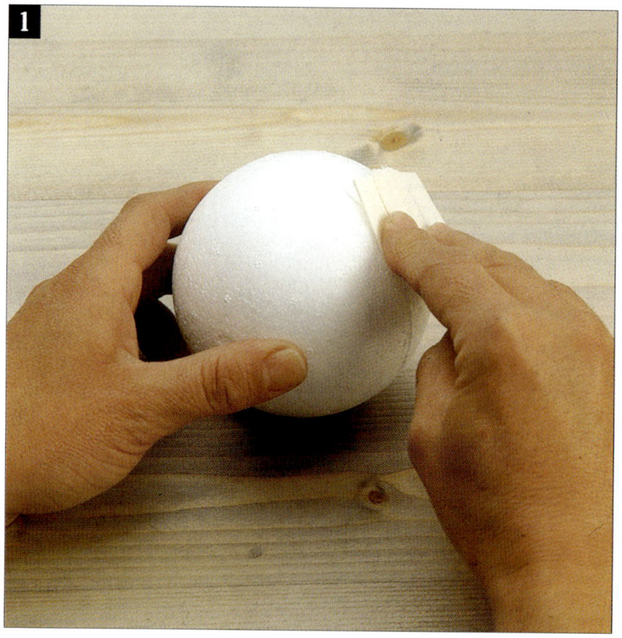

1 Primero se lija suavemente toda la superficie para conseguir alisar todas las imperfecciones de la pieza, sobre todo las junturas, para conseguir una superficie uniforme.

Se puede extender la masilla para conseguir distintos efectos y probar formas diferentes. En este proyecto se ha buscado un efecto lineal, pero se puede probar a golpecitos o en distintas direcciones, así se consiguen distintas texturas.

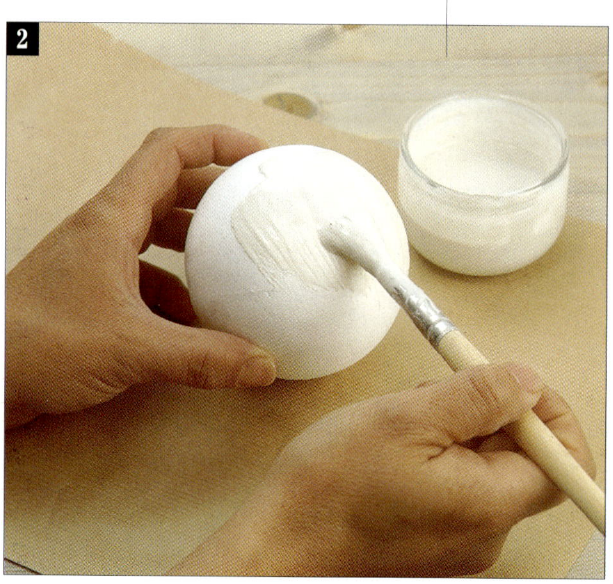

2 Se prepara una masilla un poco fluida, más o menos cremosa, para aplicarla con la brocha pequeña de pelo de cerda, como si se tratase de una pintura espesa. Es importante cubrir bien la superficie para tapar los pequeños agujeros típicos de este material. Se dejará secar.

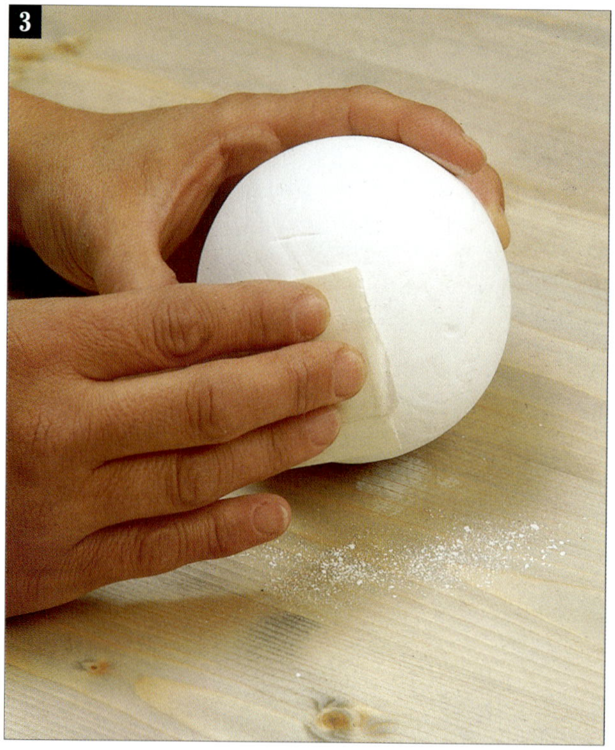

3 A continuación se lija toda la superficie suavemente, aunque dejando algo del grabado obtenido de la masilla.

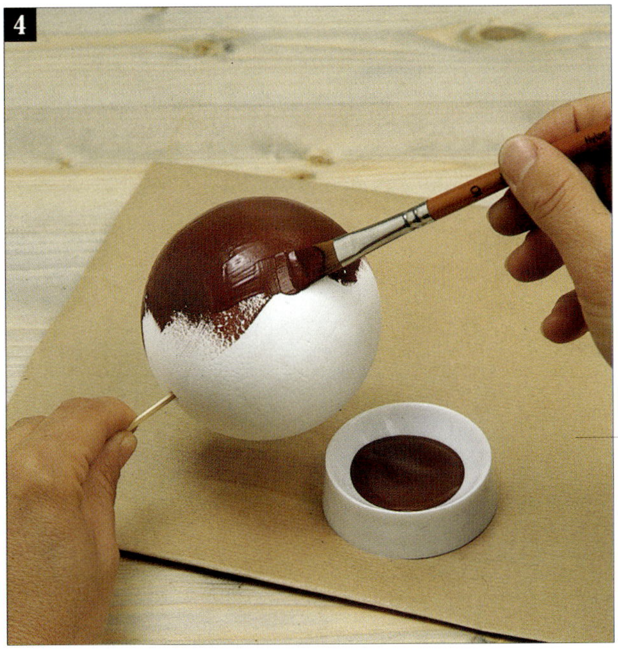

4 Para pintar toda la superficie de la bola, se pincha con un palillo largo de madera para ir girando el objeto. Con pintura acrílica de color granate se pinta toda la superficie con la paletina. Se deja secar.

Pueden obtenerse múltiples efectos de distintos colores. Hay que intentar pintar en colores diferentes los fondos de las piezas. Cambiando sólo los colores de la base pueden conseguirse diversos acabados.

5 Con la yema de los dedos se coge una pequeña cantidad de cera de dorar y se extiende de manera desigual por todo el objeto. Hay que ir intercambiando los distintos tonos de la cera empezando por el más claro. Se dejará secar durante 2 horas.

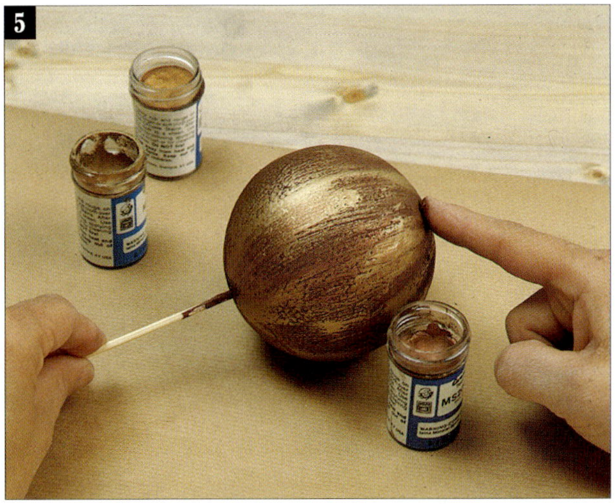

Se puede probar con distintos colores de pátinas al agua, de este modo también se obtendrán múltiples acabados.

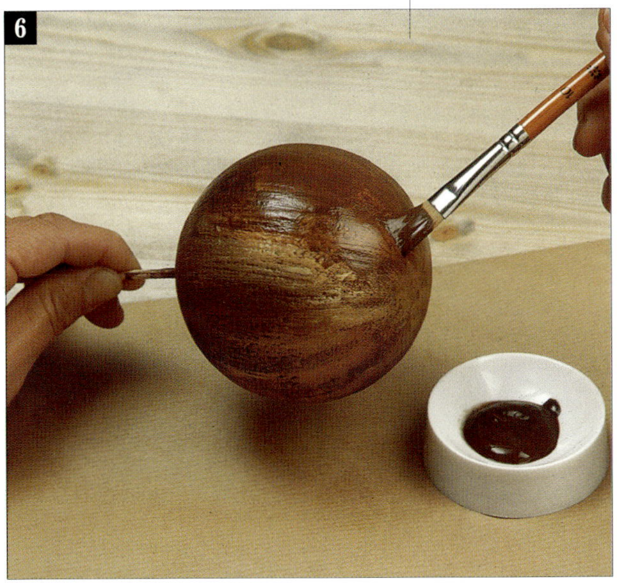

6 Con la pátina de envejecer al agua, de color marrón oscuro, hay que ir oscureciendo todo el objeto. Se utilizará una paletina de pelo sintético suave.

En caso de utilizar las bolas como adornos navideños, se pueden colocar cintas de distintos colores para colgarlas. Se aprovecha el agujero que queda del palillo para fijar la cinta o el cordón y se sujeta con un pegamento especial para porexpán.
Si el agujero dejado por el palillo es muy grande, hay que taparlo con masilla y retocarlo con pintura para disimularlo.

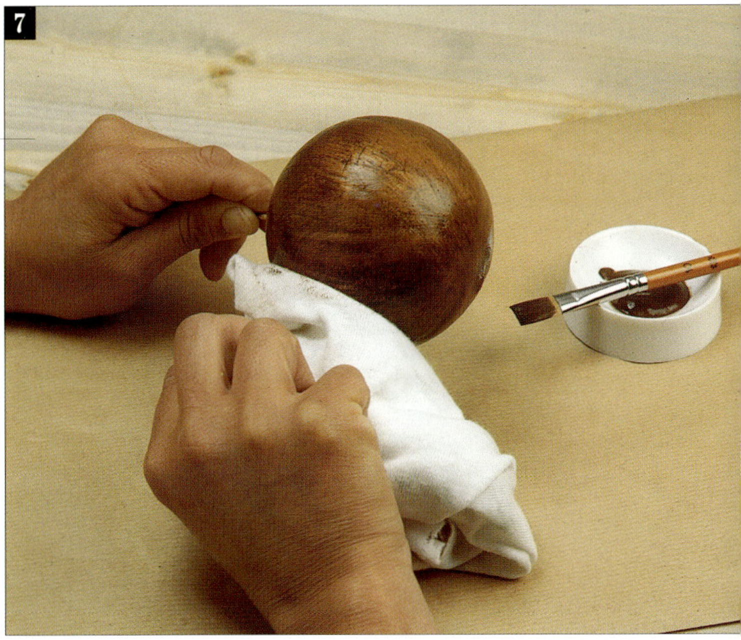

7 Antes de que la pátina de envejecer se seque, se retira el exceso con un trapo de algodón suave a golpecitos. Se dejan unas zonas más claras que otras, para que el acabado sea desigual, y a su vez hay que mantener zonas más doradas. A continuación se deja secar.

Pueden obtenerse resultados muy espectaculares con otras piezas. Sólo se debe tener en cuenta que para que el efecto polvoriento que se consigue con la ceniza sea más vistoso, es necesario que la pieza tenga bastantes bajorrelieves.

Marco de resina
Envejecido a la ceniza

Con fantasía es fácil encontrar ideas y recursos donde menos se espera. El envejecido a la ceniza es un recurso muy sencillo pero con un vistoso acabado. La pieza de resina que se ha escogido para este proyecto proporciona un acabado muy decorativo con las pátinas para envejecer.

MATERIAL NECESARIO

- Brocha pequeña de pelo de cerda
- Brocha mediana de pelo sintético
- Trapo de algodón
- Gamuza
- Imprimación selladora multiuso acrílica
- Pintura acrílica de color azul marino oscuro
- Pátina al óleo de color azul turquesa
- Ceniza
- Barniz mate en aerosol
- Guantes de látex

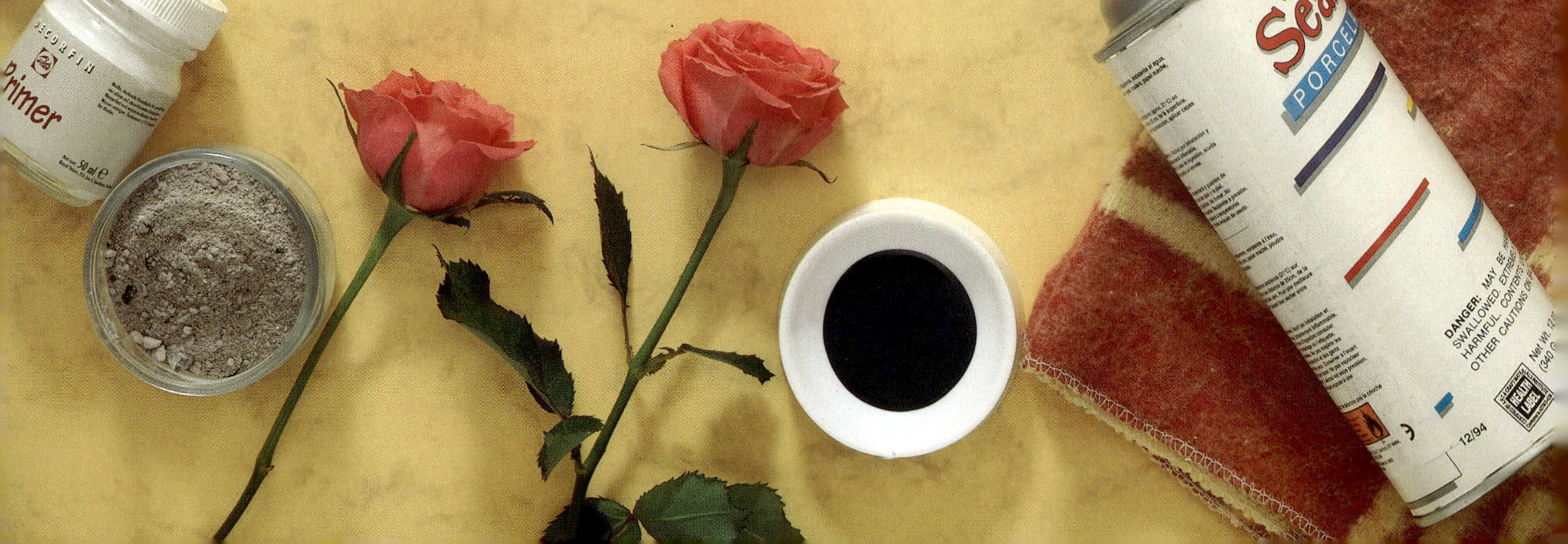

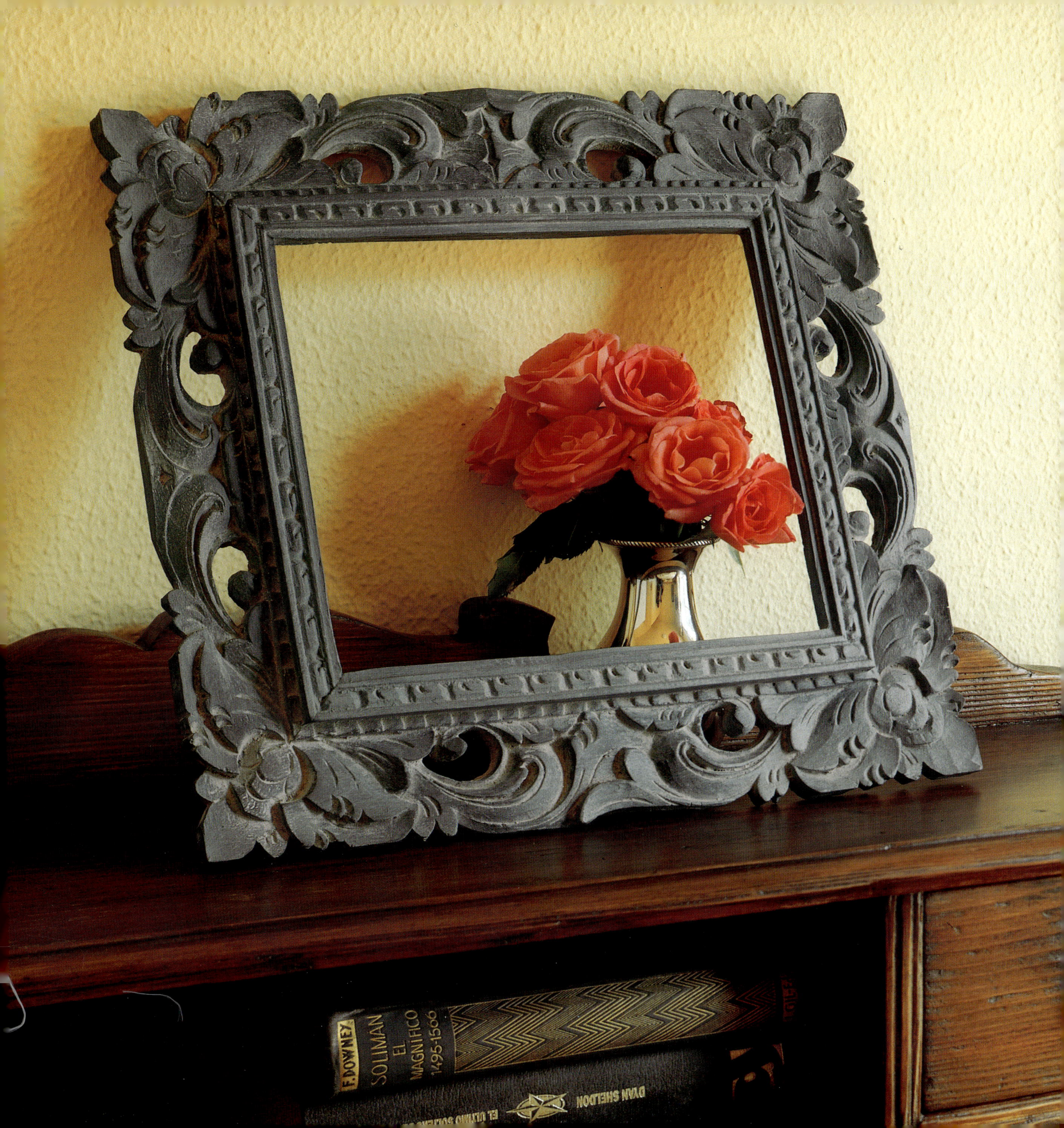
F. DOWNEY
SOLIMAN
EL
MAGNIFICO
1495-1566
DYAN SHELDON

El envejecido a la ceniza puede aplicarse a diversos materiales. En este caso, se ha elegido el marco de resina con numerosos bajorrelieves que facilitan la vistosidad de la pátina.

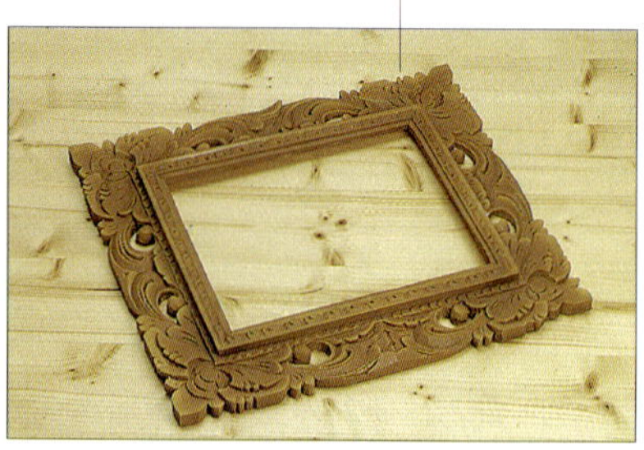

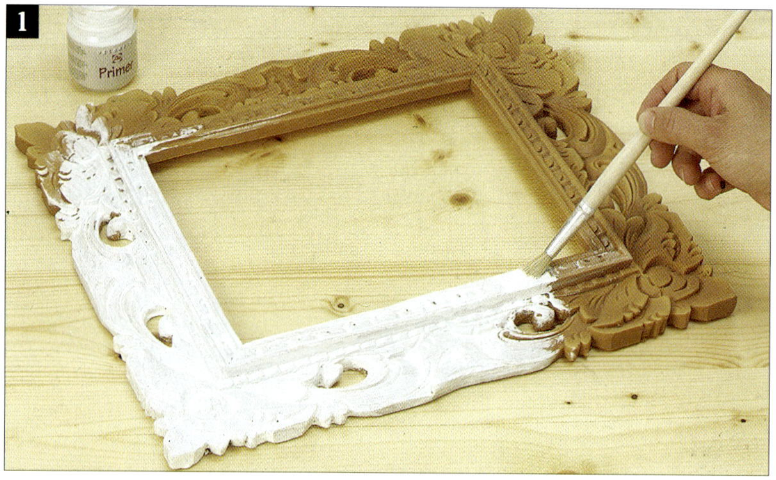

1 Se reparte una imprimación selladora multiuso acrílica extendiéndola bien por todos los bajorrelieves. Con la ayuda de un pincel pequeño de pelo de cerda, hay que prestar especial atención a todos los rincones para que quede bien cubierta toda la superficie. Se dejará secar.

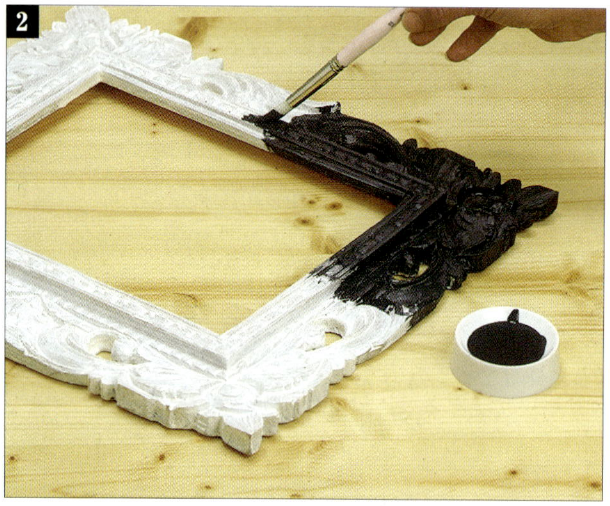

2 Se pinta con pintura acrílica de color azul marino oscuro toda la superficie del objeto, utilizando un pincel de pelo sintético suave. Si es necesario, se aplicará una segunda capa hasta cubrir toda la superficie.

3 Seguidamente, se prepara una pátina al óleo de color azul aturquesado y se va extendiendo por zonas, insistiendo en los bajorrelieves.

4 Antes de que la pátina se seque, se retira una pequeña cantidad en los relieves con un trapo de algodón, dejando así entrever el color de fondo. El retirar el exceso de pátina sólo se lleva a cabo en los relieves, dejando más cantidad en los rincones para que se pueda adherir mejor la ceniza que se extenderá posteriormente.

Para conseguir distintas tonalidades, pueden intercalarse diferentes tonos de pátina difuminándolos entre sí.

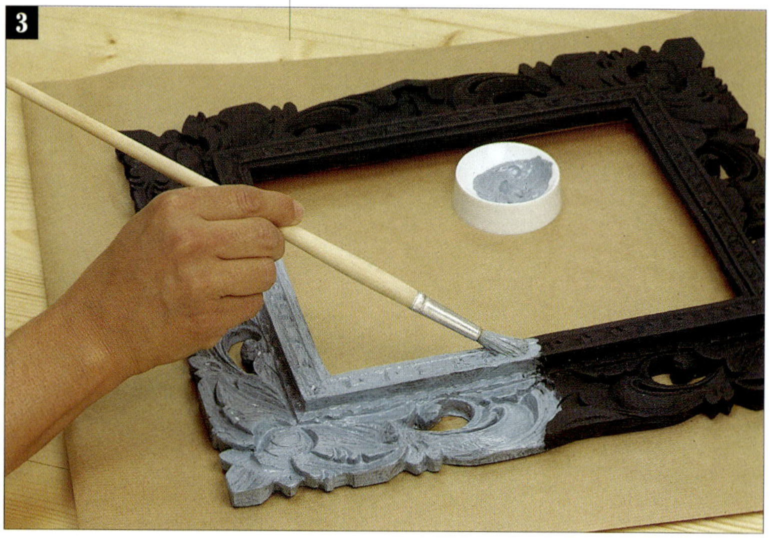

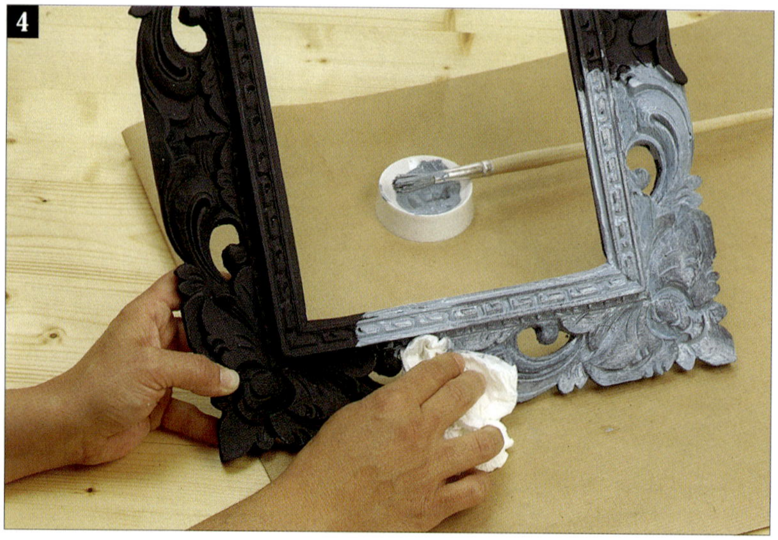

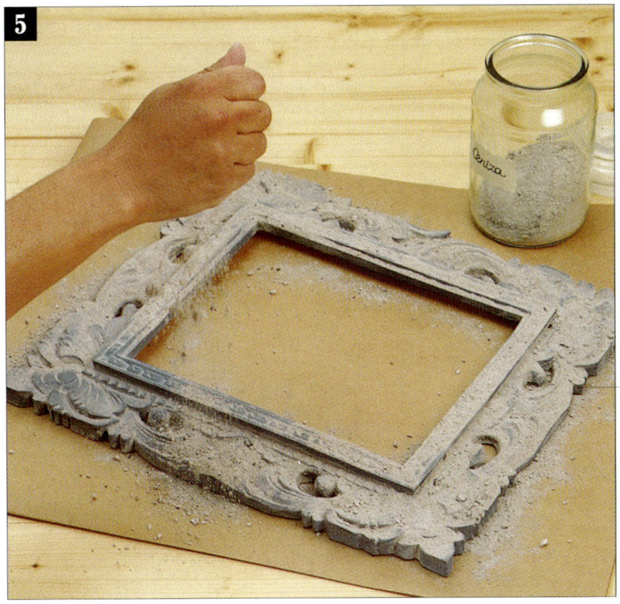

5 Cuando todo el objeto está patinado con el color elegido, antes de que se seque, se espolvorea con ceniza todo el trabajo, rellenando sobre todo los rincones y bajorrelieves. Hay que dejar que se seque durante 24 horas.

Es aconsejable utilizar ceniza de chimenea, ya que no huele tanto como otras. También se pueden usar polvos de talco en lugar de ceniza, con lo que se consigue un efecto similar.

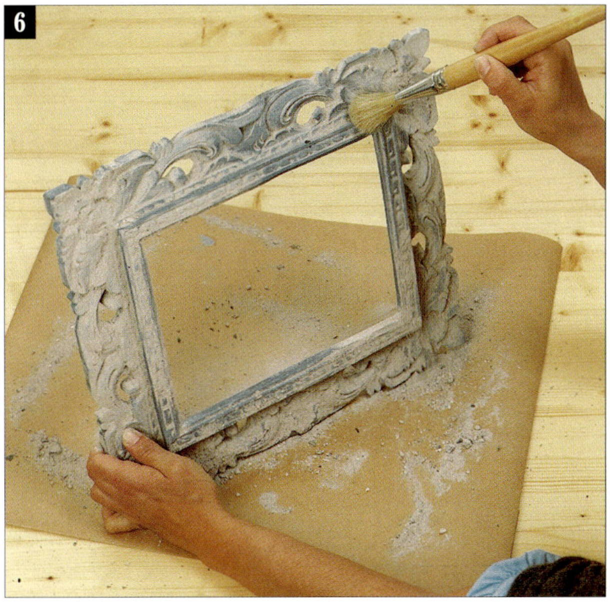

No hay que excederse al quitar la ceniza, dejando pequeñas cantidades para conseguir un efecto polvoriento.

6 Transcurrido el tiempo suficiente para que la pátina al óleo con la ceniza se seque, se retira el exceso de polvo con una brocha mediana de pelo de cerda, dejando una pequeña cantidad de ceniza en los bajorrelieves.

7 Con gamuza se lustran los relieves de la pieza. Debe trabajarse de una forma suave y sólo aquellas partes que sobresalgan.

8 Para proteger y sobre todo fijar este efecto polvoriento se utiliza un barniz mate en aerosol, que extenderemos en capas finas sobre toda la superficie.

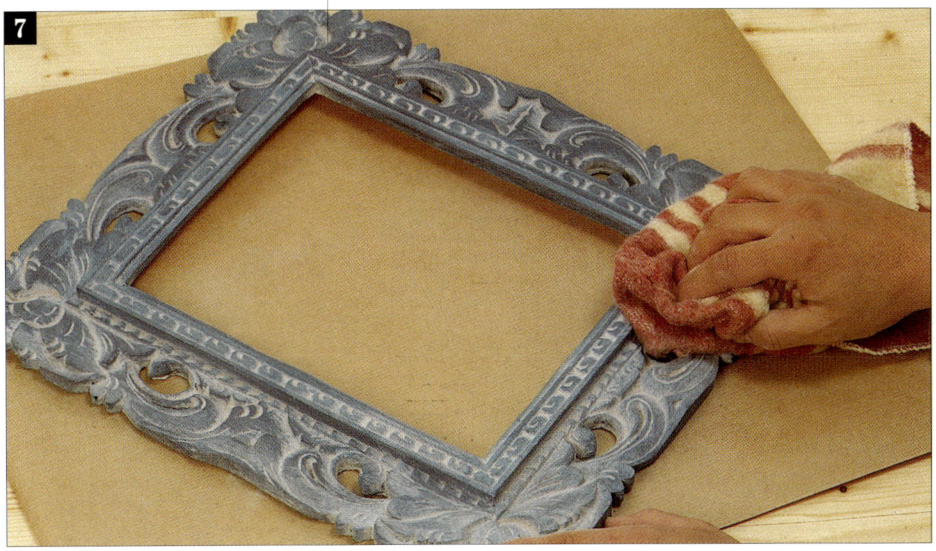

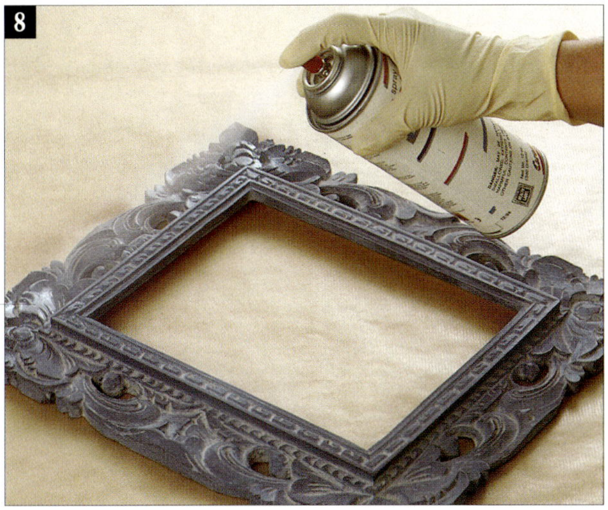

El aerosol se debe aplicar a una cierta distancia del objeto para no hacer saltar con su presión la ceniza depositada en los rincones. Se aplican capas finas de barniz, dejando secar bien entre capa y capa.

Regadera de hierro
Pátina al agua

Con esta técnica se consigue un acabado muy rústico, así como distintos efectos, combinando pátinas al agua de diferentes colores y lijando suavemente entre capa y capa.

Existen infinidad de combinaciones para envejecer objetos. Las pátinas al agua son de muy fácil aplicación y con ellas los efectos de envejecido resultan muy vistosos. En este proyecto partimos de una falsa regadera de hierro que con un acabado envejecido presenta un aire rústico.

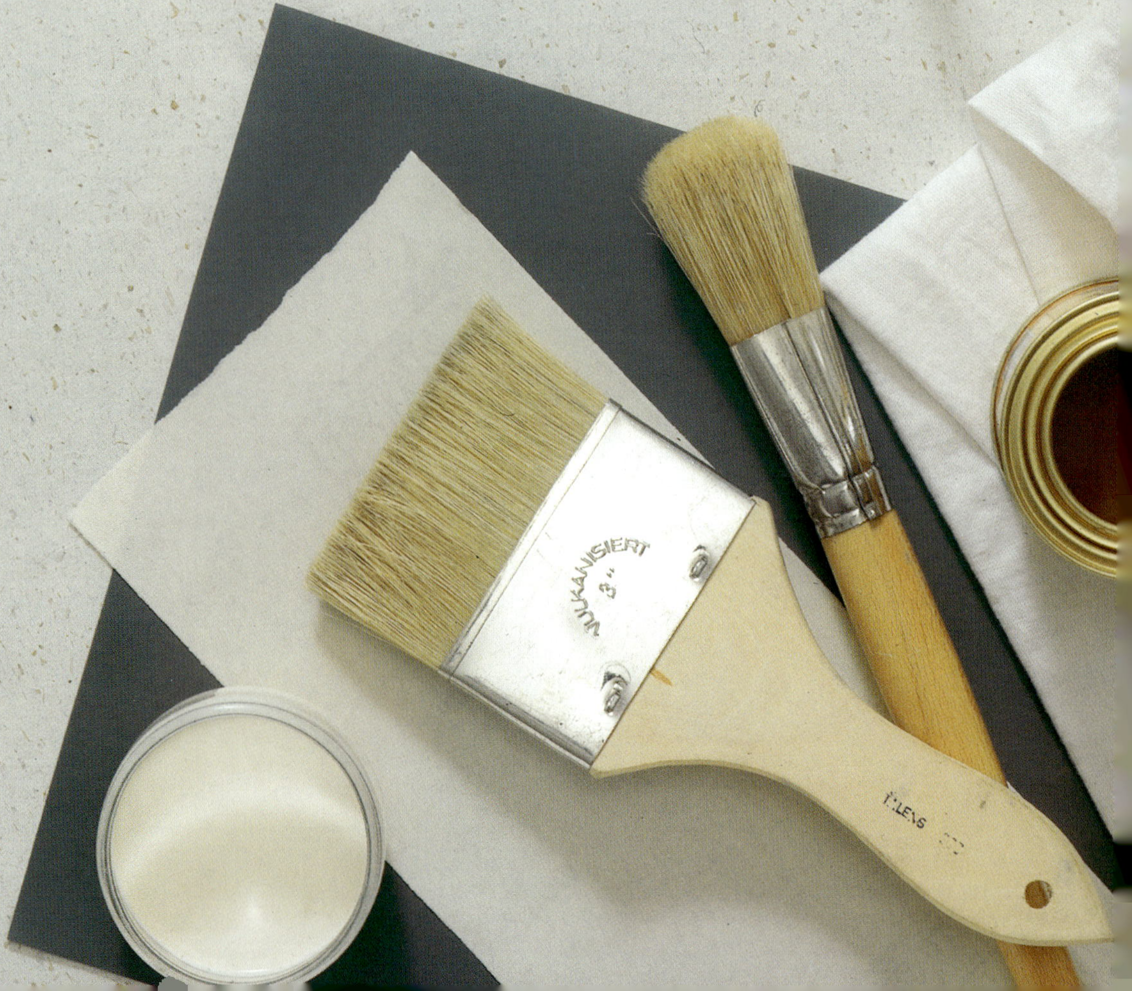

MATERIAL NECESARIO

- Papel de lija de grano fino
- Papel de lija de grano medio
- Imprimación selladora para metales acrílica
- Brocha pequeña de pelo de cerda
- Paletina de pelo de cerda corto
- Pintura acrílica de color blanco
- Pátina al agua de color melocotón
- Trapo de algodón
- Pátina al agua de color marrón café
- Barniz sintético mate
- Barniz de poliuretano
- Aguarrás

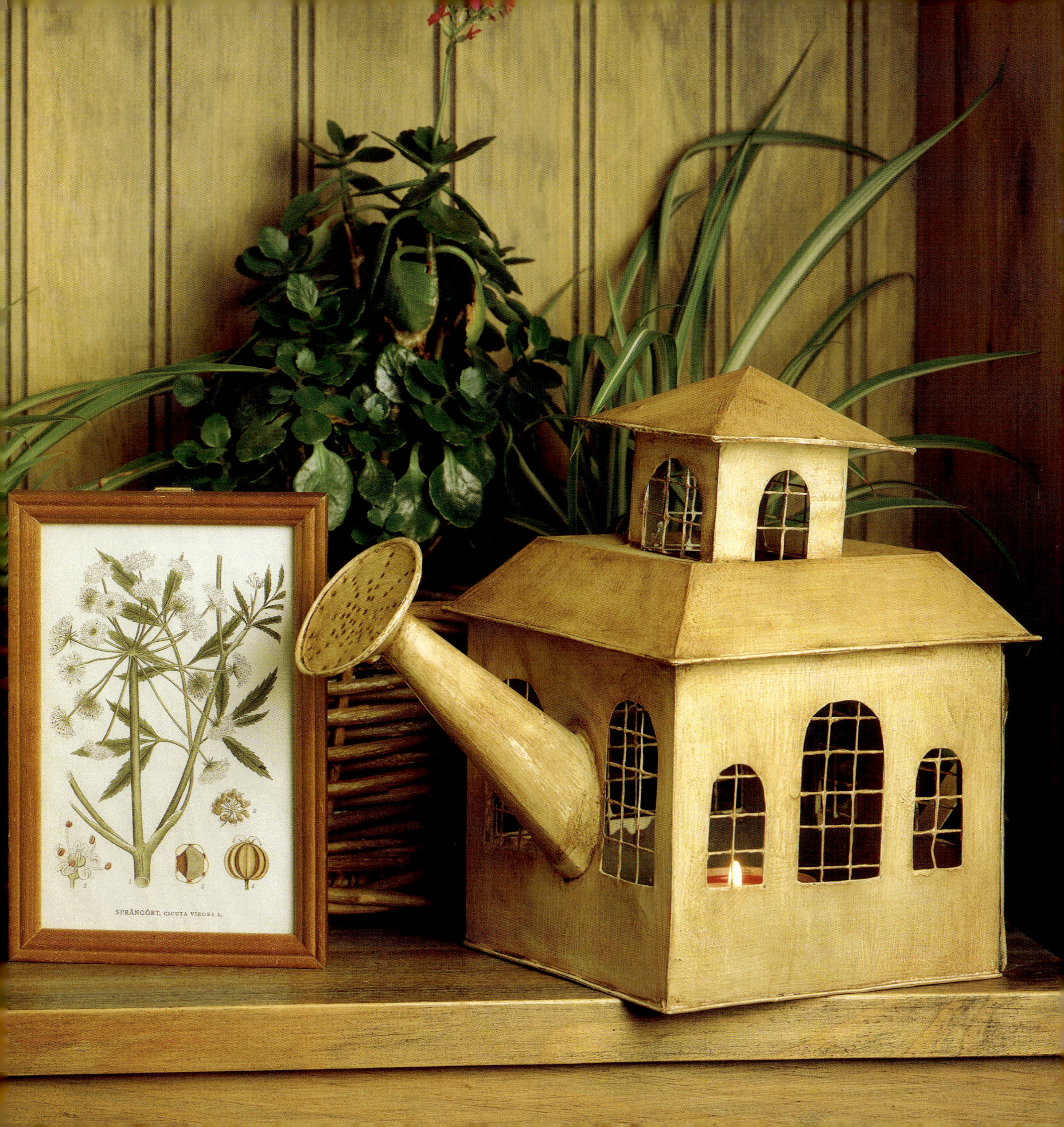
SPRÄNGÖRT, CICUTA VIROSA L.

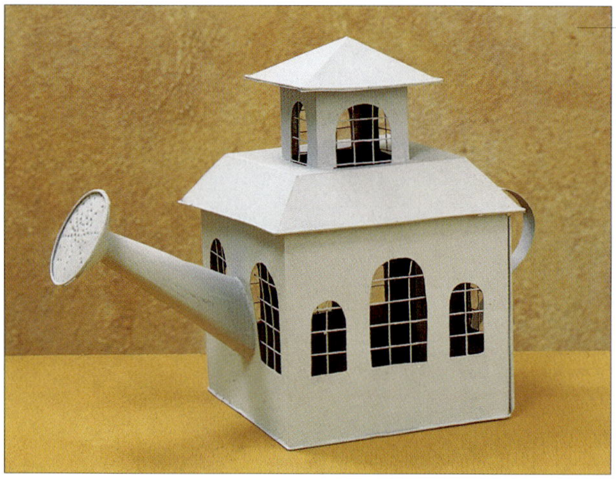

Con el fin de envejecer esta regadera decorativa, se siguen los pasos de aplicación de pátinas al agua que puede ser útil en muchos otros objetos y materiales.

1 Con una lija de grano fino alise toda la superficie del objeto, eliminando así defectos y preparando la superficie para ser decorada. Hay que eliminar el polvo que pueda quedar del lijado.

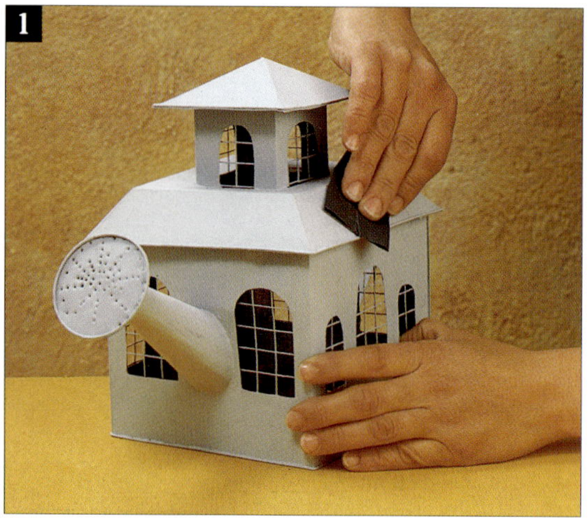

Existen distintos tipos de selladoras para metales. En este proyecto se ha utilizado una selladora acrílica para metal, ya que es más cómoda para limpiar los pinceles con agua, cuando todavía está húmeda.

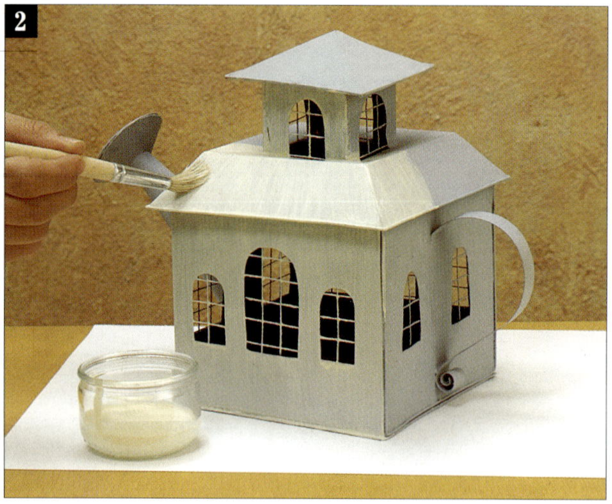

2 Se extiende una imprimación selladora para metales acrílica sobre la pieza, en una capa fina y bien estirada, procurando que no queden goterones. Hay que dejar que se seque.

3 Con la pintura acrílica de color blanco se cubre toda la superficie del objeto. Es conveniente extender una capa un poco gruesa para conseguir más cuerpo. Si es necesario, una vez seca la primera capa se aplica una segunda y se deja secar.

4 Se prepara una pátina de color melocotón y se extiende por zonas. Al tratarse de una pintura muy aguada, hay que proteger con papeles la superficie donde se trabaje.

En este proyecto se ha utilizado una pintura acrílica de color blanco, pero pueden conseguirse otros efectos cambiando de fondo, como por ejemplo el amarillo suave o el verde claro.

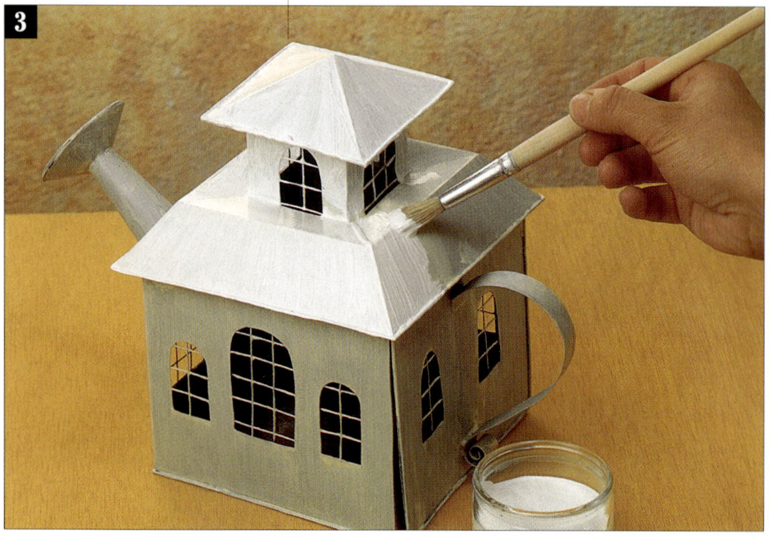

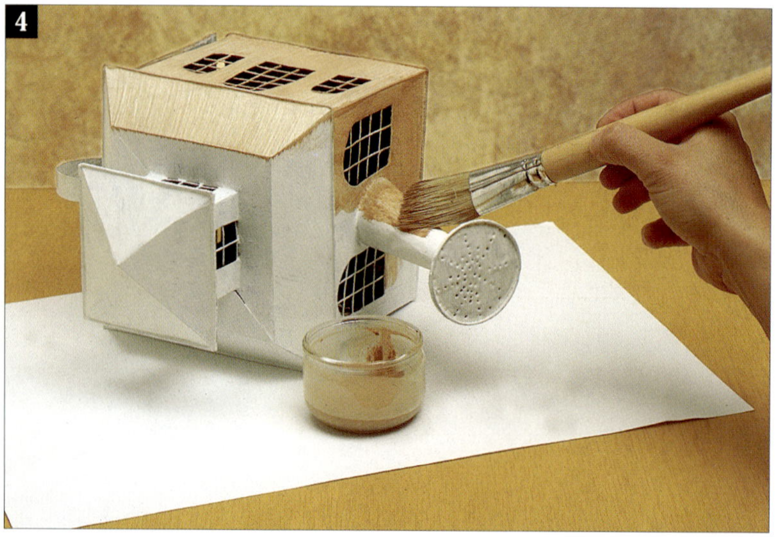

5 Antes de que se seque la pátina de color melocotón, se va acabando de extender con la paletina, para que quede fijada y con un efecto de arrastrado. Se deja secar bien.

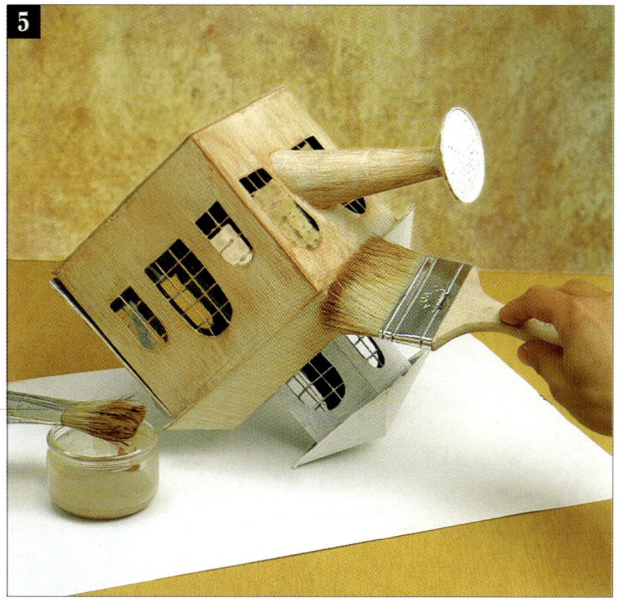

El efecto de arrastrado en piezas envejecidas es más auténtico si se realiza de forma desigual. También se pueden preparar pátinas de distintos colores y entremezclarlas.

Después del lijado, se limpia bien el polvo que queda con un trapo o un pincel seco.

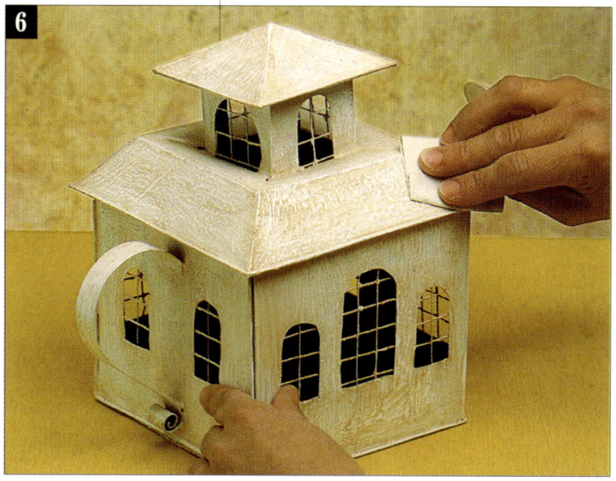

6 Para conseguir un efecto de desgaste, con la lija de grano medio se lija por zonas todo el objeto, insistiendo más en las esquinas y en los relieves, para que el desgastado sea más real.

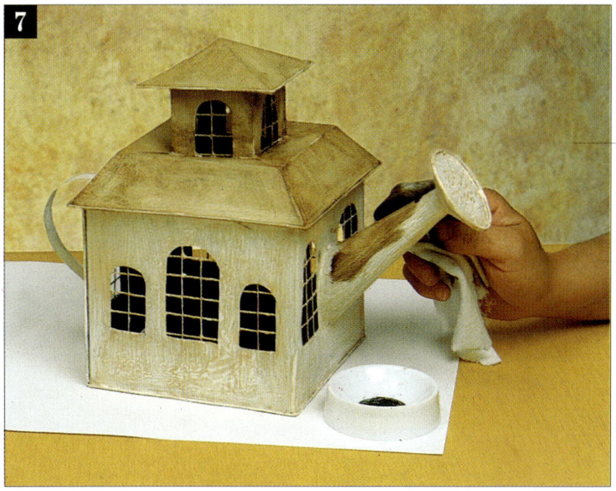

Los efectos del envejecimiento nunca son del todo uniformes. Para que las piezas queden más reales deben envejecerse de forma irregular, dejando las juntas más oscuras que los relieves y las caras planas. Se deja secar bien.

7 Se prepara una pátina al agua de color marrón café y se extiende por zonas. Antes de que seque, se elimina el exceso con un trapo de algodón, dejando zonas más oscuras que otras.

Para que el barniz tenga un aspecto más natural es mejor rebajarlo con aguarrás en una proporción de 80 % de barniz y 20 % de aguarrás. Siempre debe removerse bien para que la mezcla quede homogénea.

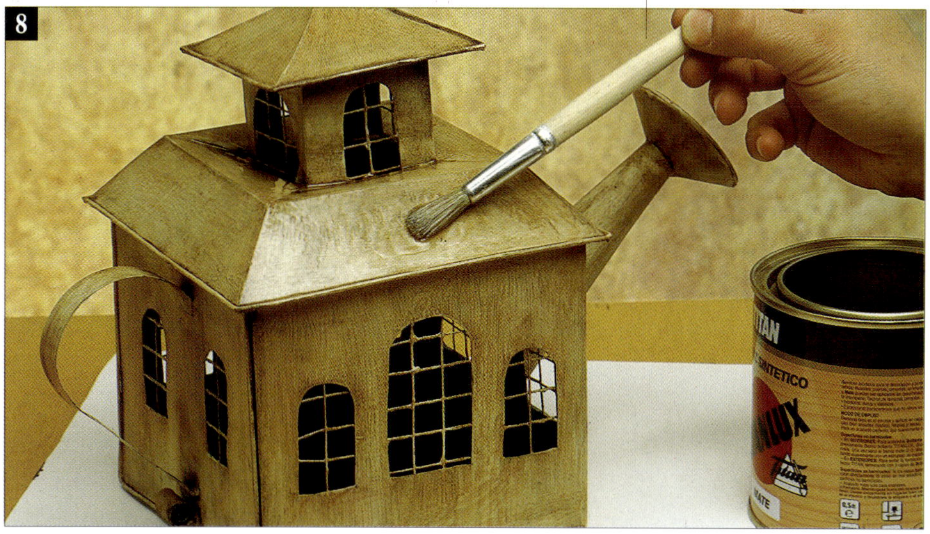

8 Para finalizar, se aplica una capa de barniz sintético mate y así se unifica el acabado con la brocha. Si la pieza va a colocarse en el exterior, se utiliza un barniz de poliuretano, ya que es más resistente a los cambios de temperatura.

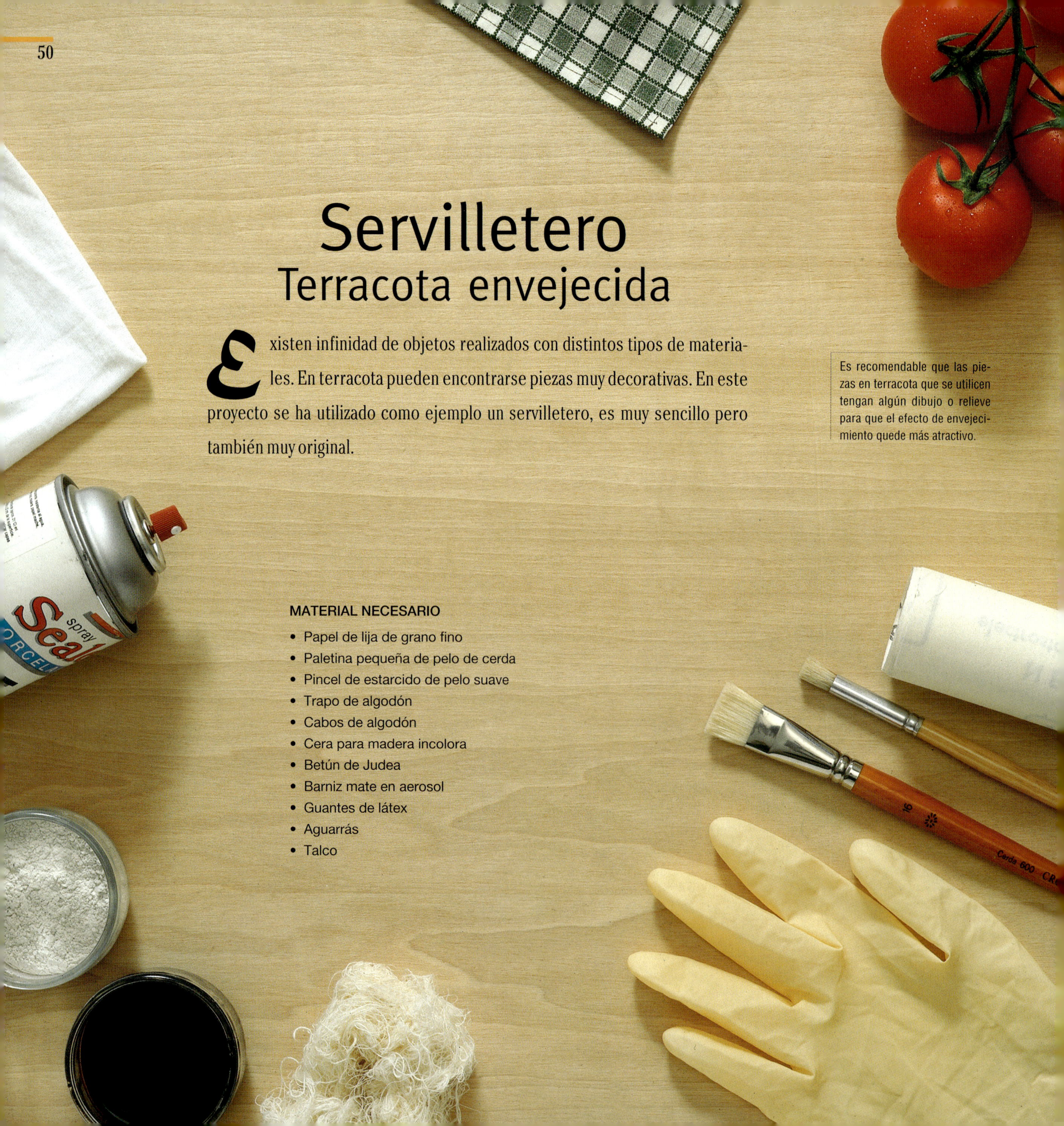

Servilletero
Terracota envejecida

Existen infinidad de objetos realizados con distintos tipos de materiales. En terracota pueden encontrarse piezas muy decorativas. En este proyecto se ha utilizado como ejemplo un servilletero, es muy sencillo pero también muy original.

Es recomendable que las piezas en terracota que se utilicen tengan algún dibujo o relieve para que el efecto de envejecimiento quede más atractivo.

MATERIAL NECESARIO

- Papel de lija de grano fino
- Paletina pequeña de pelo de cerda
- Pincel de estarcido de pelo suave
- Trapo de algodón
- Cabos de algodón
- Cera para madera incolora
- Betún de Judea
- Barniz mate en aerosol
- Guantes de látex
- Aguarrás
- Talco

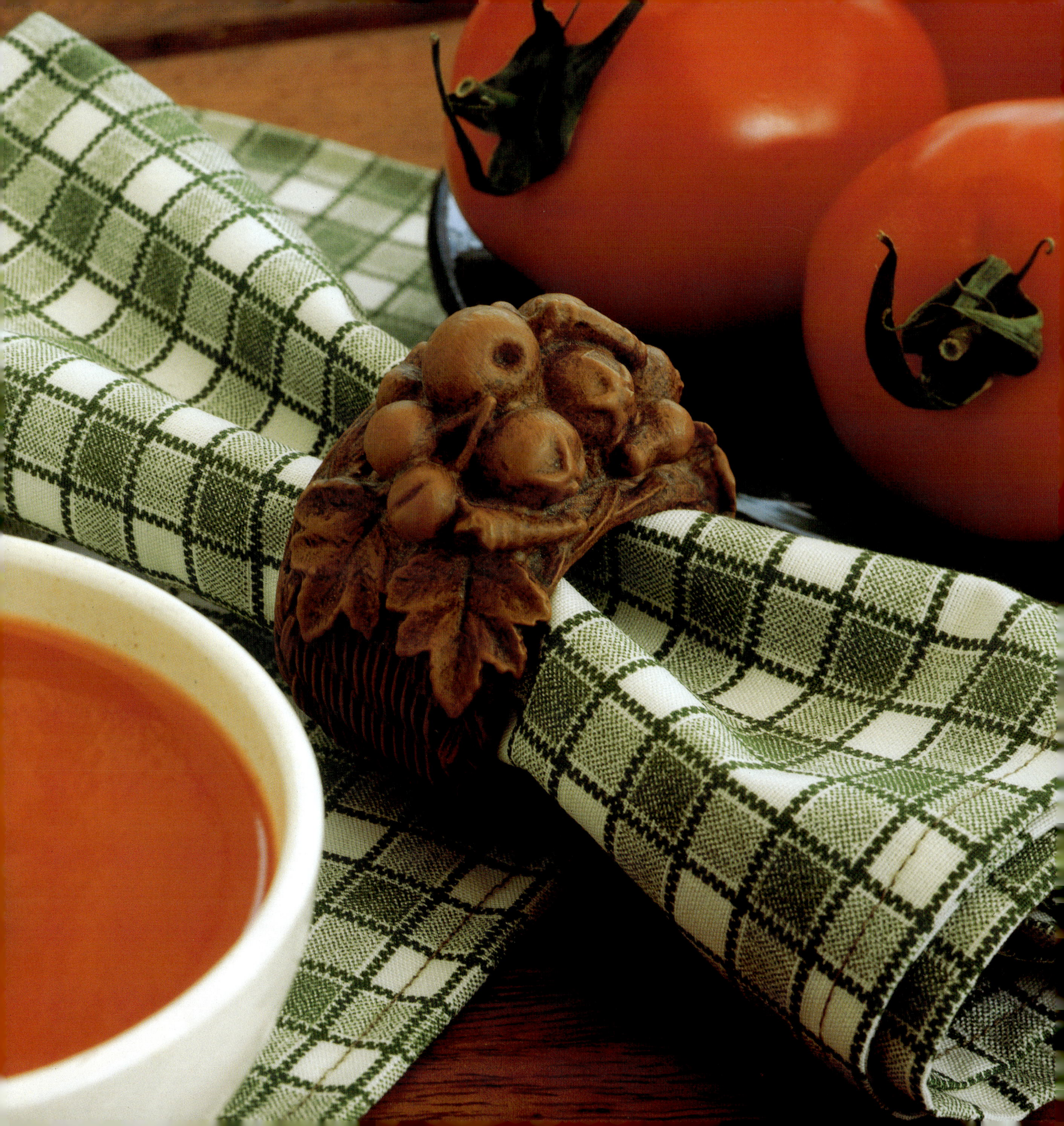

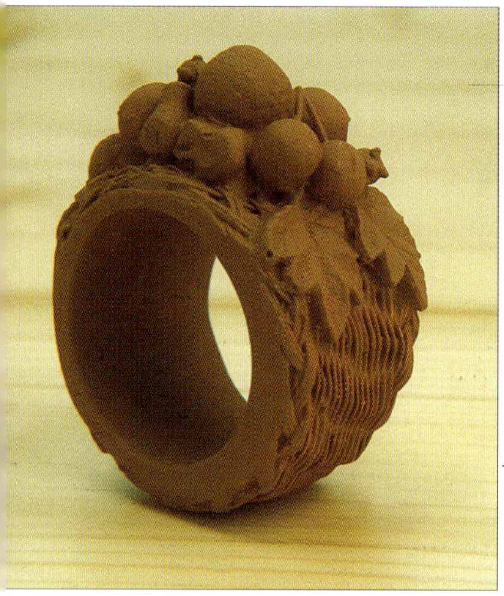

La aplicación de pátinas de envejecimiento puede ser útil y realzar el valor decorativo de numerosos objetos de materiales diversos. En este proyecto se consigue envejecer un pequeño servilletero de terracota

1 Se recomienda que las superficies que se vayan a decorar se alisen con una lija de grano fino, para corregir así cualquier defecto que pueda presentar el objeto.

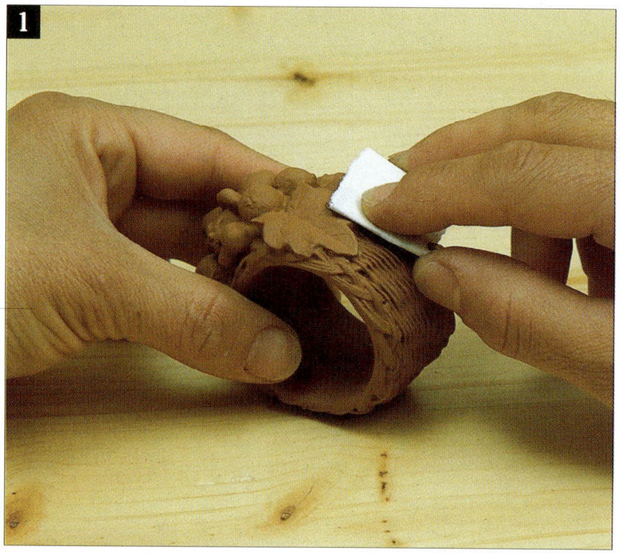

Cuando se trabajan superficies con muchos relieves y adornos pequeños, se van lijando suavemente todos los rincones que no estén bien acabados. De este modo, la pieza estará perfecta y su acabado será de mayor calidad.

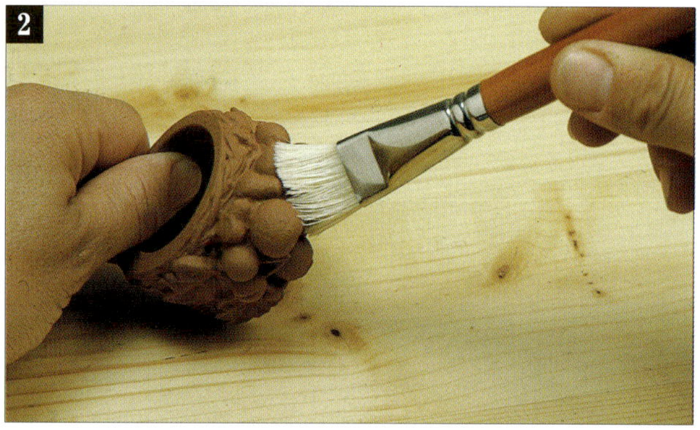

2 Con la paletina se elimina todo el polvo que pueda haber en los bajorrelieves. Es muy importante que el objeto quede bien limpio de restos de polvo para que la pátina posterior se adhiera mejor.

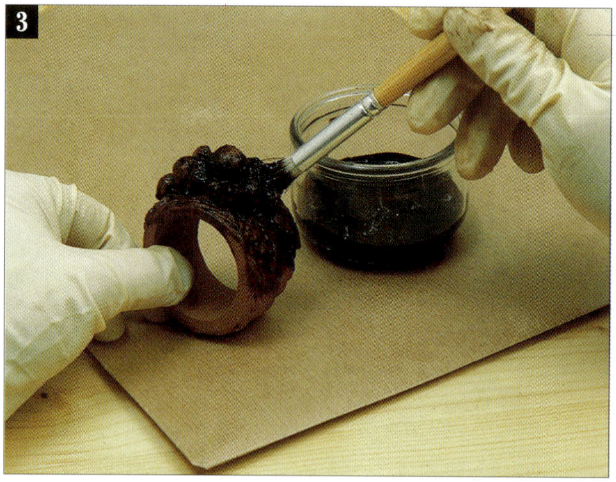

Se recomienda trabajar con guantes de látex, pues esta pátina sólo se quita con aguarrás y es difícil de eliminar.

3 Se prepara una pátina con cera incolora y betún de Judea a partes iguales. Se extiende con un pincel de estarcido especialmente por todos los rincones, dejando la pieza bien cubierta.

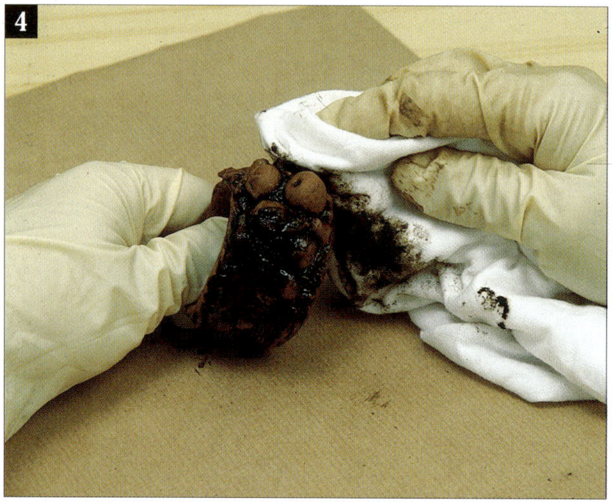

4 Con la ayuda de un trapo de algodón se retira el exceso de pátina, especialmente de los relieves, dejando suficiente cantidad en los rincones para que se pueda adherir mejor el talco que se aplicará más adelante.

La cantidad de pátina que se tenga que eliminar con el trapo, depende del acabado, más o menos ennegrecido, que quiera dársele a la pieza.

También se puede utilizar en esta pátina de envejecimiento ceniza de chimenea, en lugar de talco, para conseguir el efecto polvoriento.

5 Antes de que se seque la mezcla de la cera con la del betún de Judea, se cubre todo el objeto con polvo de talco, insistiendo sobre todo en los bajorrelieves.

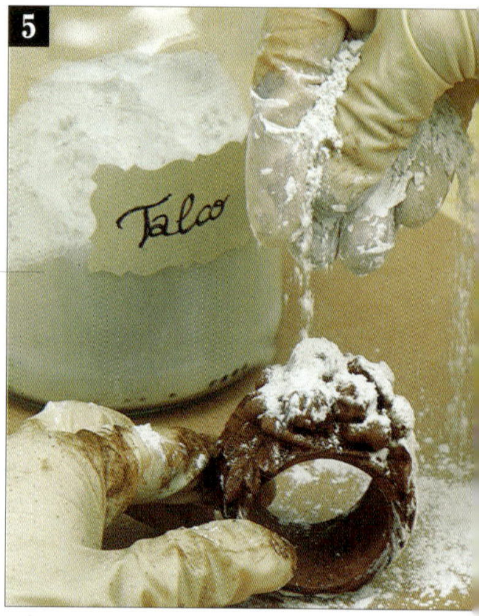

6 Con las yemas de los dedos se va presionando el talco, para conseguir que quede bien adherido por todos los bajorrelieves. Así, el efecto de suavizar la pátina con el talco queda más real. Se deja secar durante 24 horas, que es el tiempo mínimo recomendado para que el talco quede bien adherido.

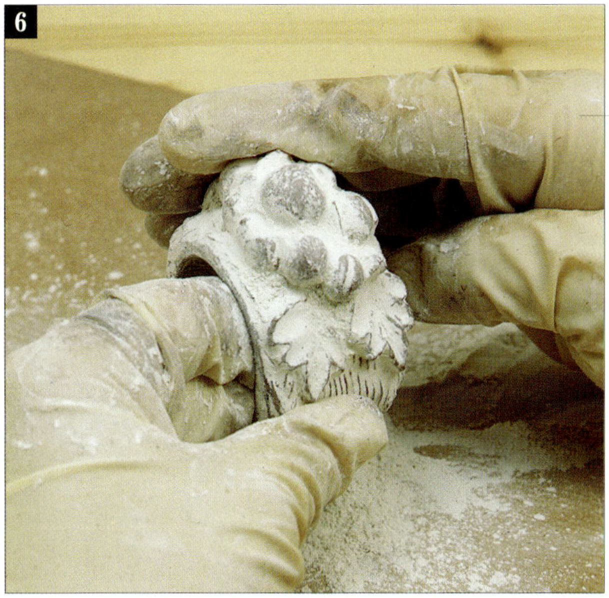
6

Si el objeto tiene dibujos, relieves y bajorrelieves pequeños a los que no se llega con las yemas de los dedos, se puede utilizar una brocha pequeña con la que se rellenan con talco.

Se puede utilizar un pincel de corte plano en su superficie que permitirá retirar la cantidad justa de talco en los bajorrelieves.

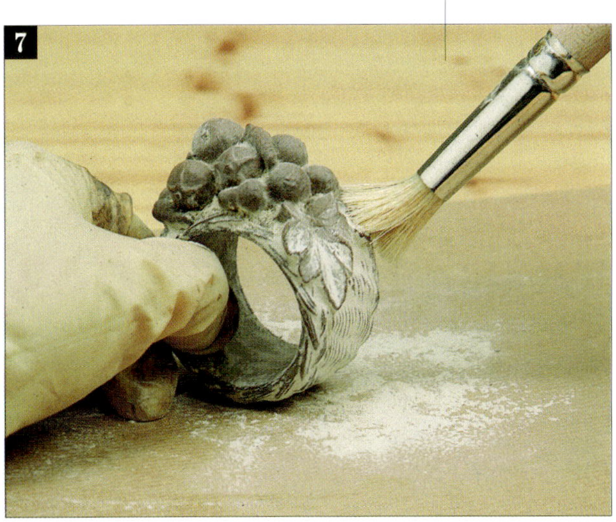
7

7 Una vez transcurrido el tiempo de secado de la pátina, unas 24 horas, se eliminará el exceso de polvo de talco con una brocha pequeña o un pincel de estarcido, dejando más o menos la cantidad adecuada según lo exagerado que se quiera el efecto final.

El efecto más o menos polvoriento que se desee conseguir dependerá de la cantidad de talco que se deje.

8 Con cabos de algodón se saca brillo y se quita el exceso de talco de los relieves, dejando preparada la pieza para su acabado final. Se aconseja dejar una cantidad de polvo de talco suficiente en los bajorrelieves para resaltar así el motivo decorativo de la pieza.

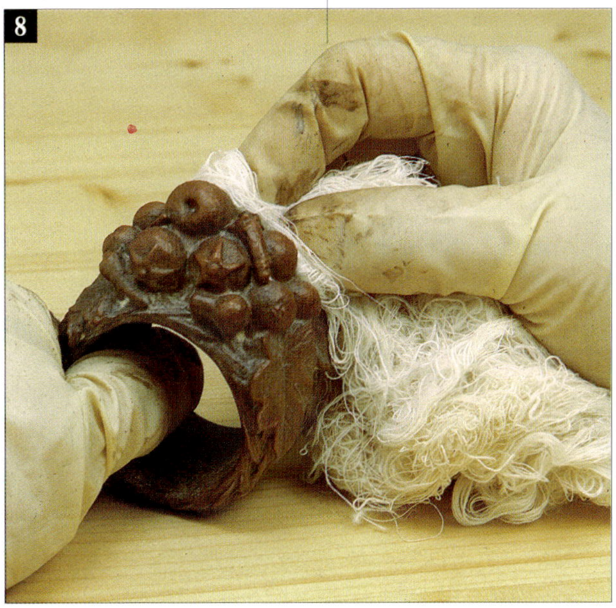
8

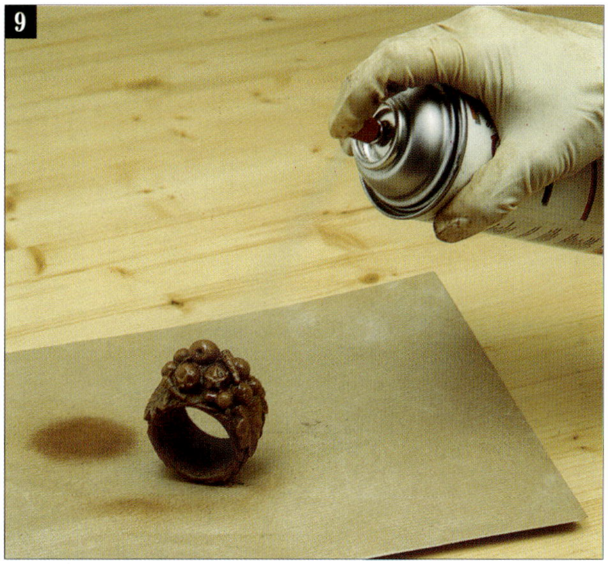
9

9 Se aplica el barniz mate para proteger todo el objeto. También, de esta forma, quedará fijado el polvo de talco. Es recomendable extender varias capas de barniz dejando secar bien entre capa y capa.

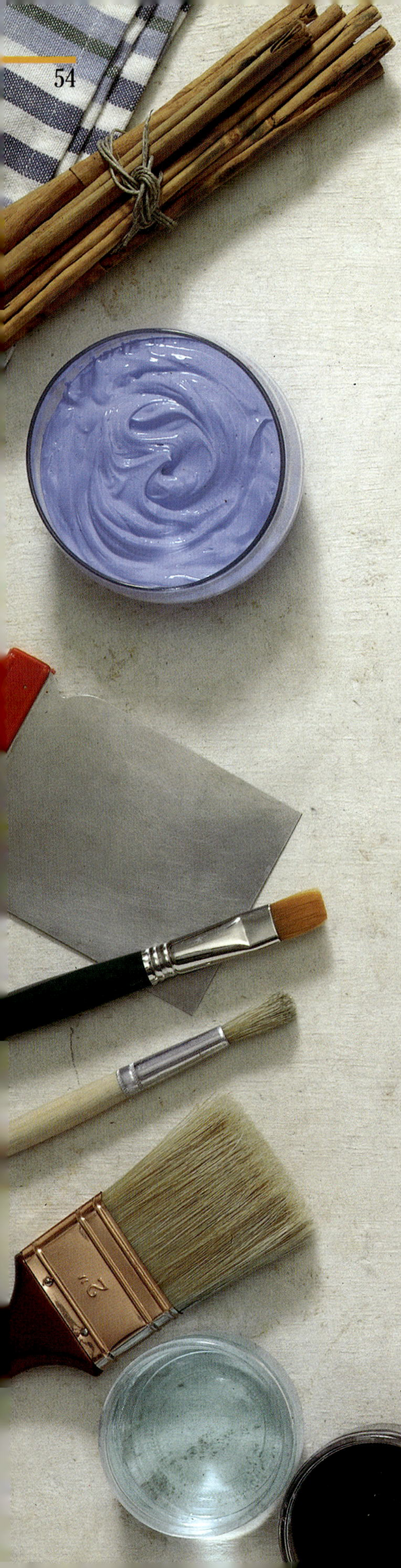

Se pueden conseguir distintos efectos combinando diferentes colores a los empleados en este proyecto. Con imaginación pueden lograrse acabados de gran vistosidad.

Repisas de madera
Efecto de desconchado

Son incalculables las formas con las que se puede llevar a cabo el envejecimiento de objetos. Los efectos del desconchado, aunque algo exagerados, resultan muy útiles para crear efectos de gran belleza decorativa en ambientes rústicos.

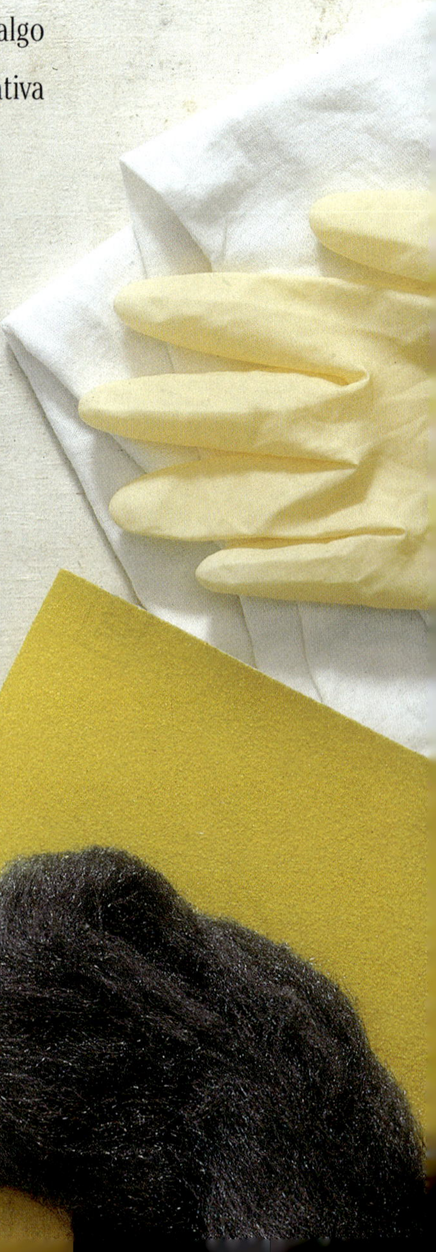

MATERIAL NECESARIO

- Papel de lija de grano medio
- Paletina mediana de pelo de cerda
- Paletina pequeña de pelo sintético
- Brocha pequeña de pelo de cerda
- Imprimación selladora para madera acrílica blanca
- Cera para madera incolora
- Pintura acrílica de color azul claro
- Rasqueta de carrocero mediana
- Lana de acero fina
- Alcohol de quemar
- Trapo de algodón
- Pátina al óleo de color marrón oscuro
- Barniz sintético mate
- Guantes de látex

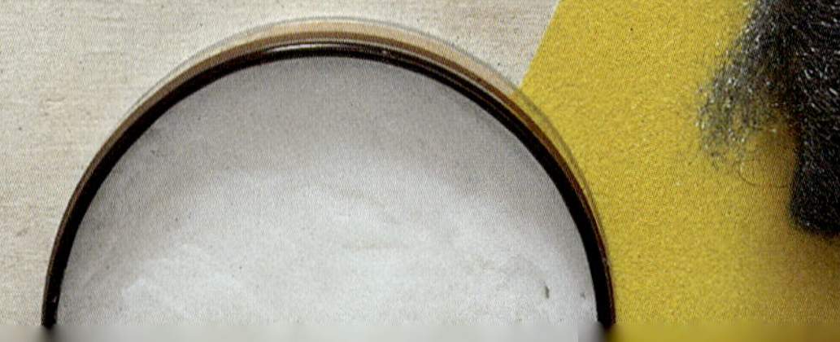

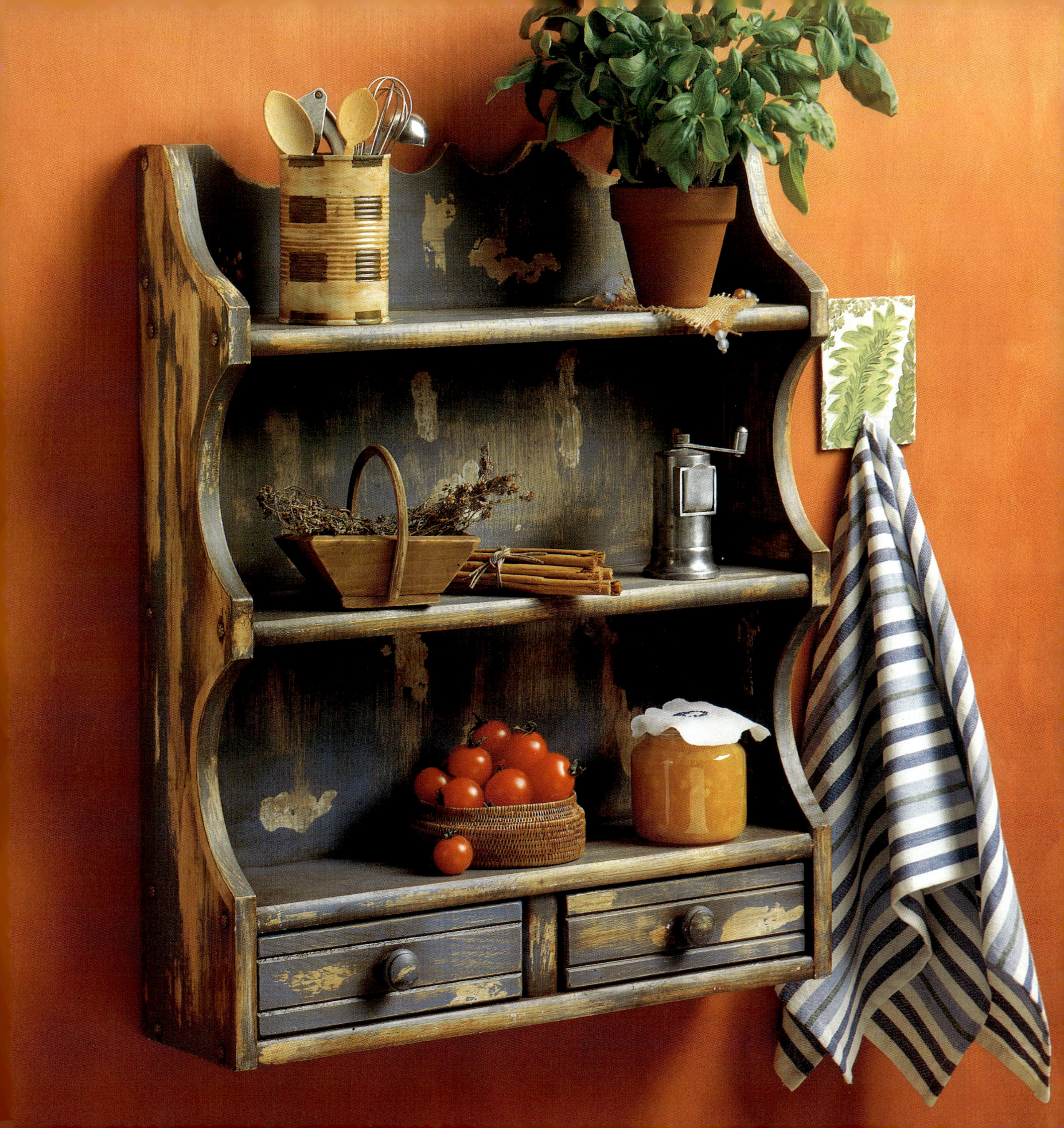

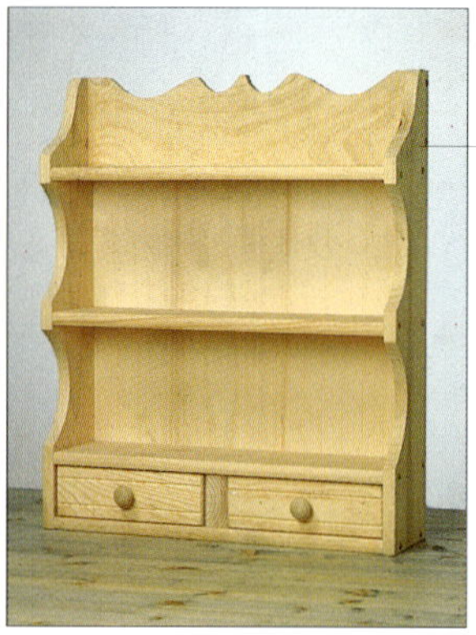

En esta pequeña repisa de madera, como en cualquier objeto de este material, los efectos del envejecimiento con desconchados son mucho más reales, por lo cual se recomienda su utilización.

1 Con la lija de grano medio se suaviza cualquier tipo de imperfección del mueble o de la pieza. De este modo también se consigue abrir el poro de la madera, logrando una mejor adherencia de la imprimación selladora.

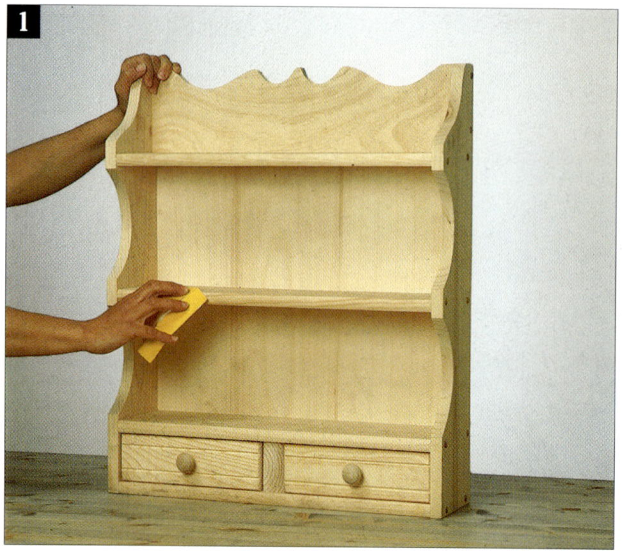

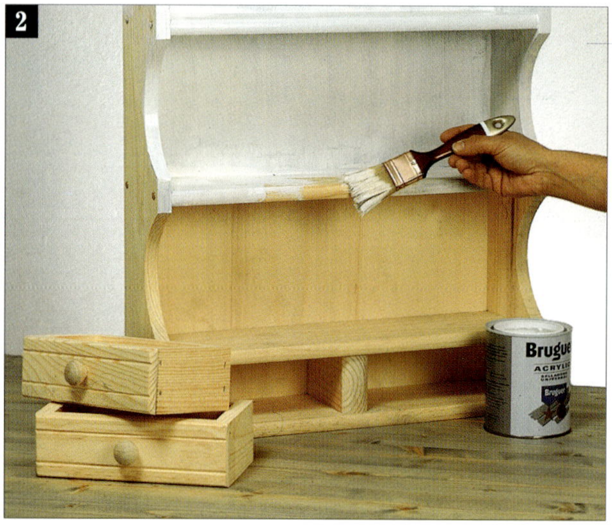

Se puede utilizar la selladora de otros colores, según el efecto final que se quiera conseguir.

2 Se extiende por toda la superficie una capa fina de imprimación selladora acrílica para madera, dejando preparada la pieza para su posterior decoración.

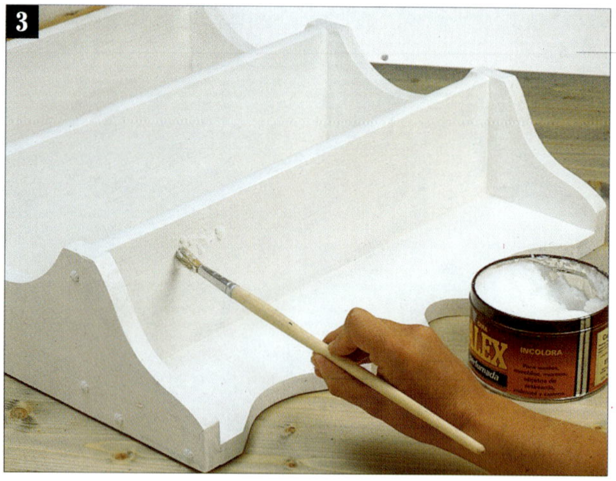

Las manchas de cera que se dejan deben estar repartidas de forma desigual por todo el mueble para que el desconchado sea más decorativo.

3 Con la brocha se aplican, en forma de manchas irregulares, mínimas cantidades de cera incolora. Se debe dejar secar durante 24 horas.

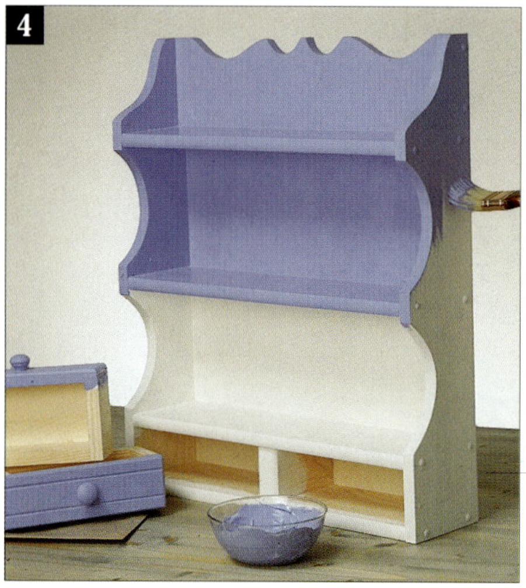

Se puede variar el color y conseguir distintos efectos según el tono escogido para el fondo.

4 Se pinta bien toda la superficie del mueble con la pintura acrílica de color azul claro. Hay que dejarla secar.

5 En las zonas en donde se han aplicado las manchas de cera incolora, ésta actuará formando una película que impide la adherencia de la pintura acrílica. Con la rasqueta de carrocero se rasca suavemente toda la superficie del mueble. De este modo, el desconchado irá apareciendo.

El desconchado será más o menos exagerado según la forma y la cantidad de cera incolora que se aplique.

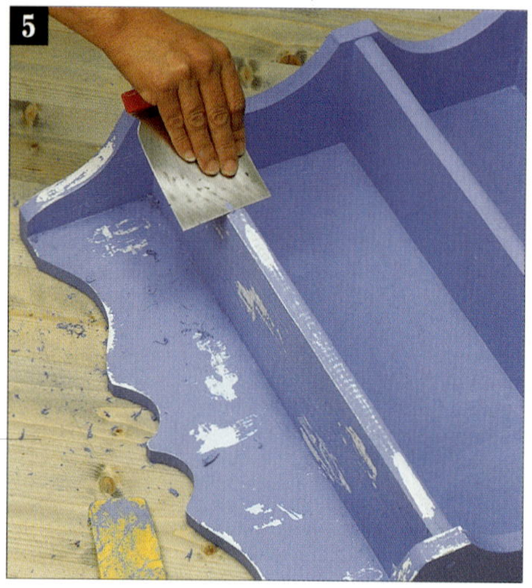

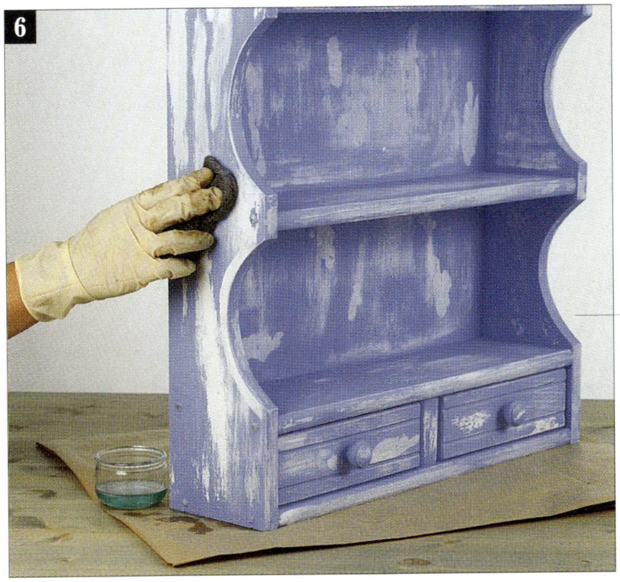

6 La lana de acero, mojada en alcohol de quemar, se va pasando por toda la superficie decorada. Así se eliminan los restos de cera que quedan todavía y se unifica el desgastado general del mueble.

Con el alcohol de quemar se consigue arrastrar la pintura obteniéndose así un efecto más envejecido del mueble.

Se pueden teñir los interiores con tonos distintos al de la pátina marrón que se utiliza para envejecer.

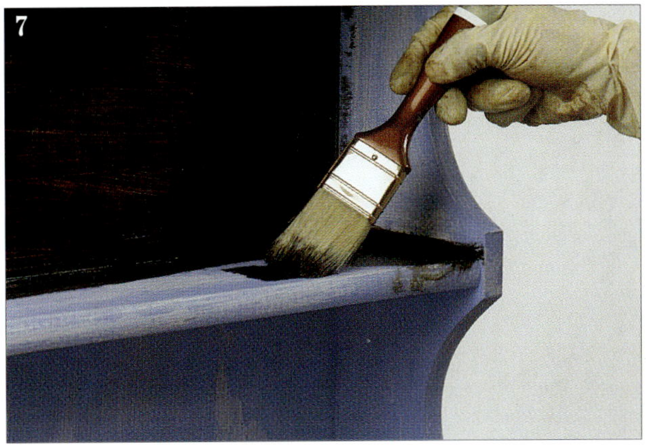

7 Se prepara la pátina al óleo de color marrón oscuro. Con una paletina mediana de pelo de cerda se cubre por zonas toda la superficie, dejando más cantidad en las esquinas para que queden más oscuras.

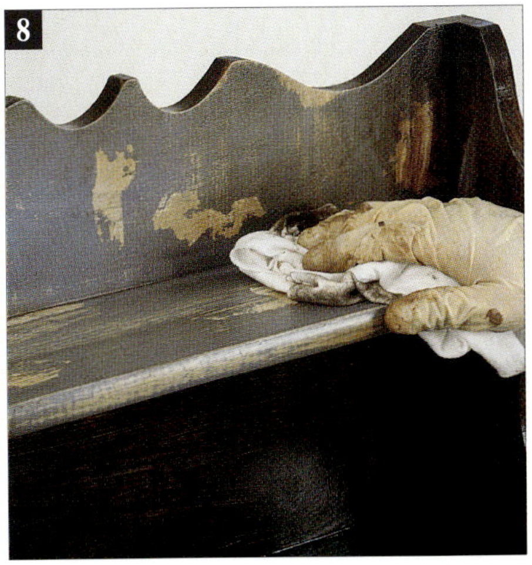

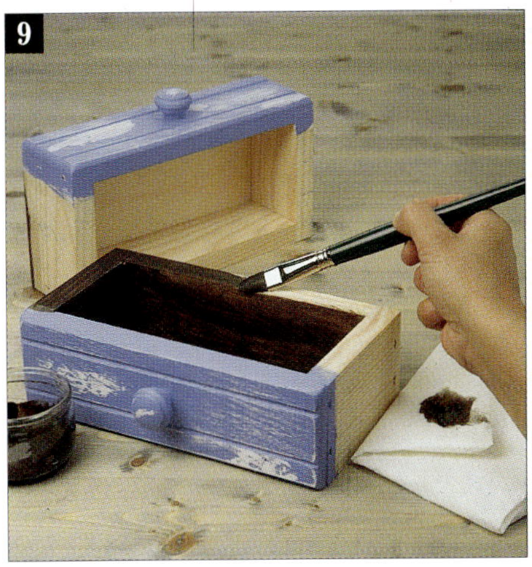

8 Con un trapo de algodón suave se va eliminando el exceso de pátina hasta conseguir un color transparente. Es aconsejable dejar en los rincones zonas un poco más oscuras, para que el efecto del envejecido sea más real.

9 Con la misma pátina al óleo de color marrón oscuro se tiñe el interior de los cajones. Hay que extenderla en la dirección de la veta de la madera para que el color tiña mejor. Se deja secar bien.

10 Se retira el exceso de pátina marrón con un trapo de algodón suave, de manera que quede a la vista la veta de la madera teñida. Se deja secar.

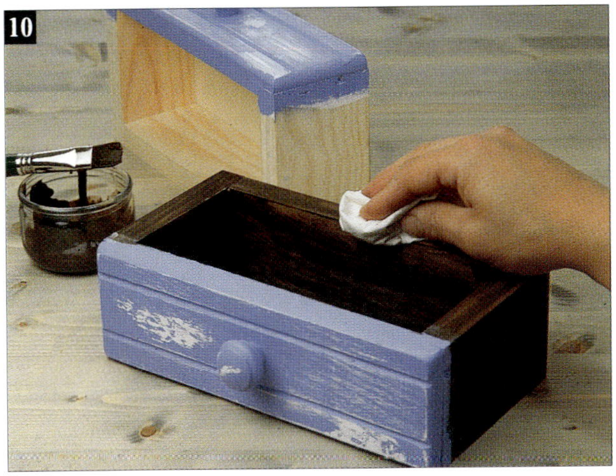

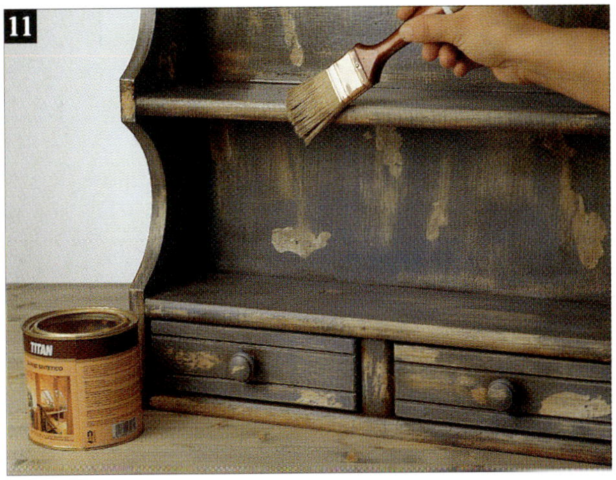

11 Para conseguir un acabado final y proteger el mueble, se barniza con el barniz sintético mate. Es aconsejable extender el barniz en capas finas y, si el mueble u objeto decorado tiene que sufrir muchos roces, será imprescindible aplicar dos manos de barniz como mínimo, dejando secar bien entre una capa y otra.

Ángel de marmolina
Cera cálcica

La cera cálcica es una preparación de cera virgen de abeja, con una proporción igual de pigmento blanco. Se puede adquirir en comercios especializados.

En este proyecto se utiliza una pátina a la cera cálcica, con la que se obtiene un envejecimiento distinto al usado normalmente para envejecer. Cuando se envejece una pieza, es habitual oscurecerla para alcanzar el efecto del paso del tiempo. Contrariamente, en este proyecto lo que se quiere lograr es una pátina blanquecina que igualmente envejece un objeto pero de otra forma.

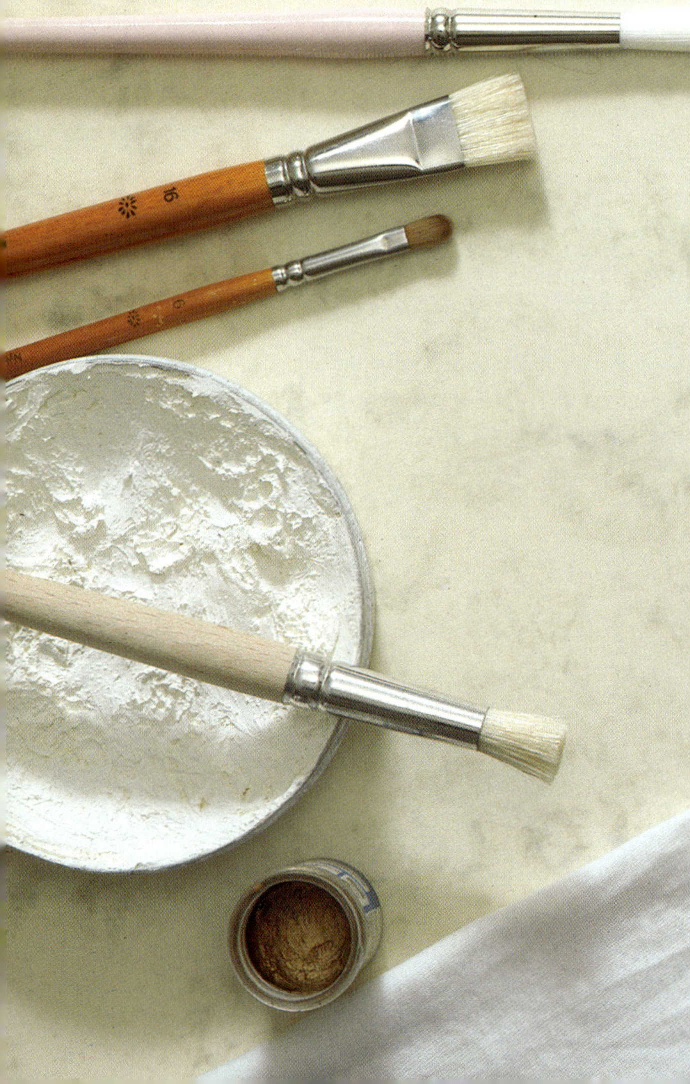

MATERIAL NECESARIO

- Pátina a la cera
- Papel de lija de grano fino
- Paletina pequeña de pelo de cerda duro
- Pincel mediano de pelo sintético
- Pincel pequeño de pelo natural
- Pincel de estarcido
- Goma laca de color anaranjado
- Goma laca transparente
- Pintura acrílica de colores rojo inglés y oro amarillo
- Cera cálcica blanca
- Trapo de algodón
- Cera de dorar de color oro viejo
- Gamuza

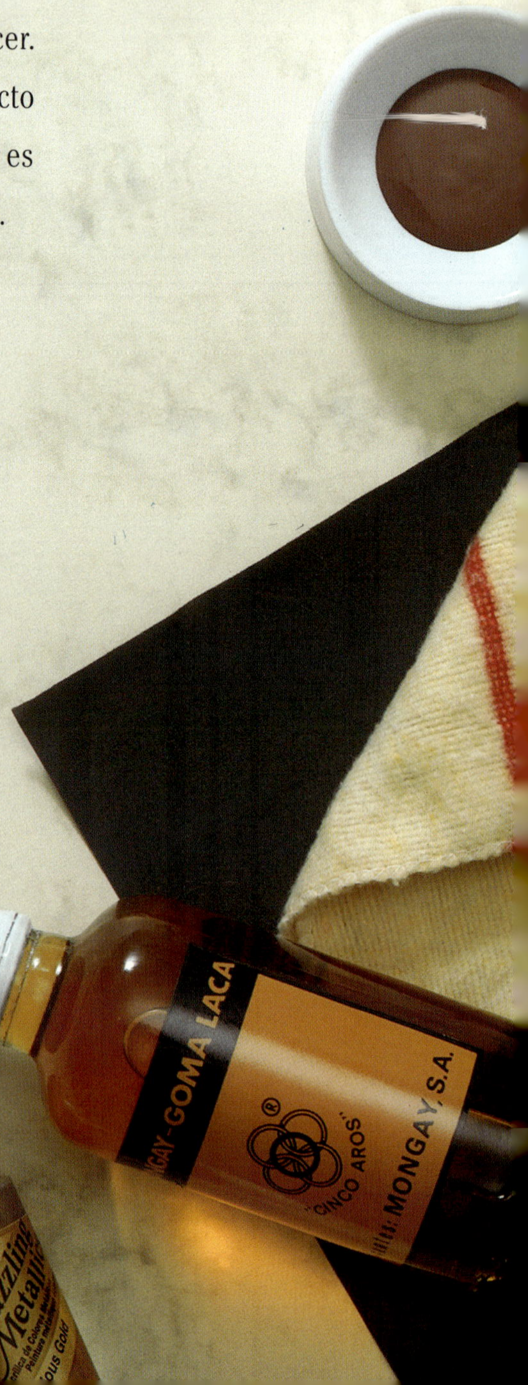

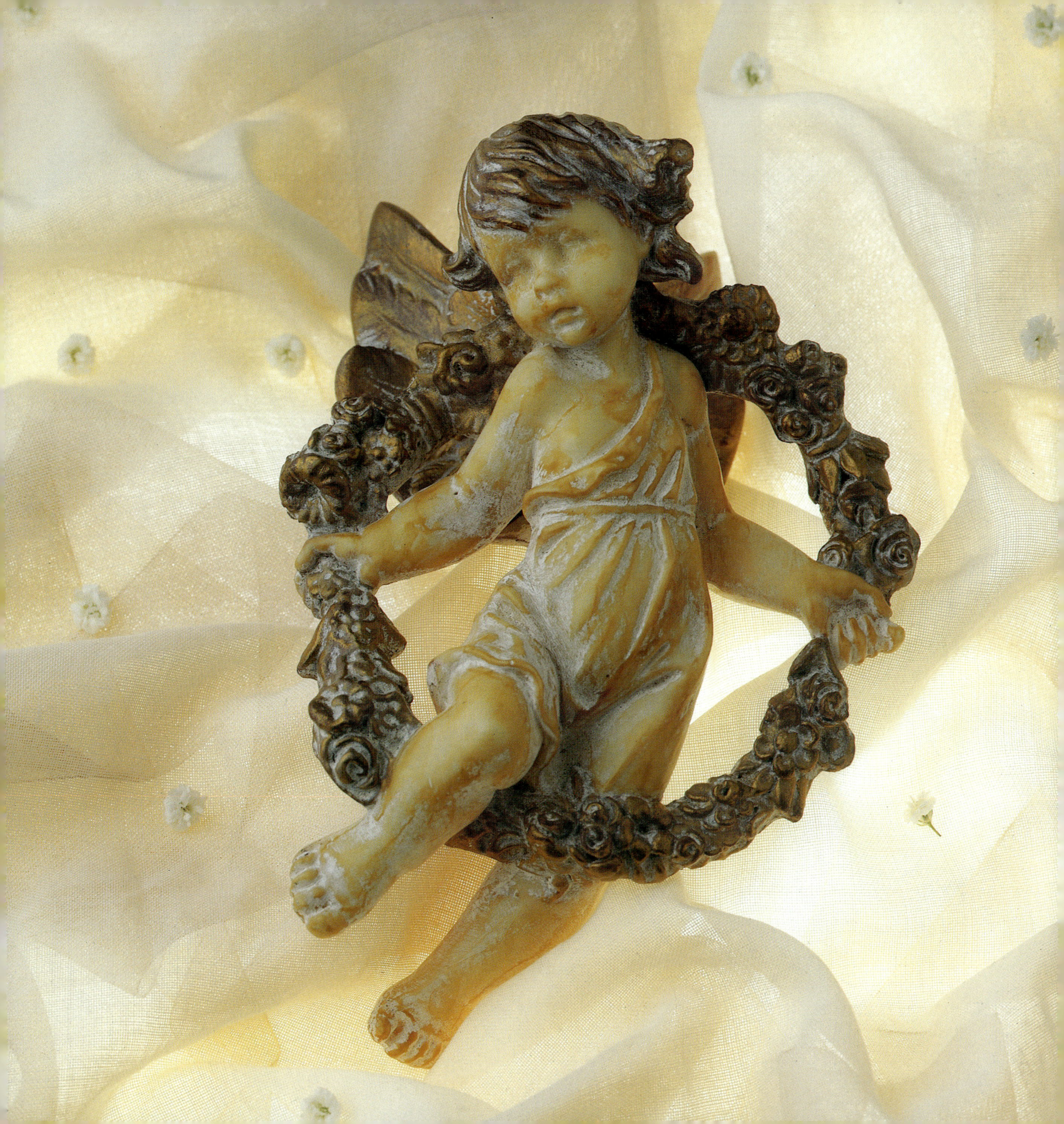

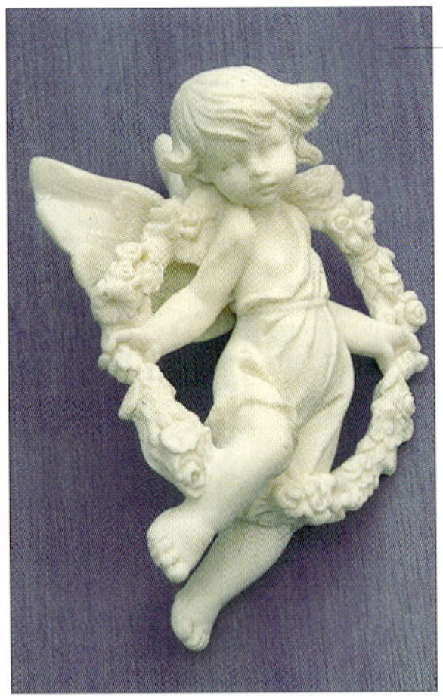

Los ángeles son tal vez las piezas más clásicas, pero también se encuentran distintos tipos de piezas o figuras de marmolina para realizar este efecto de cera cálcica.

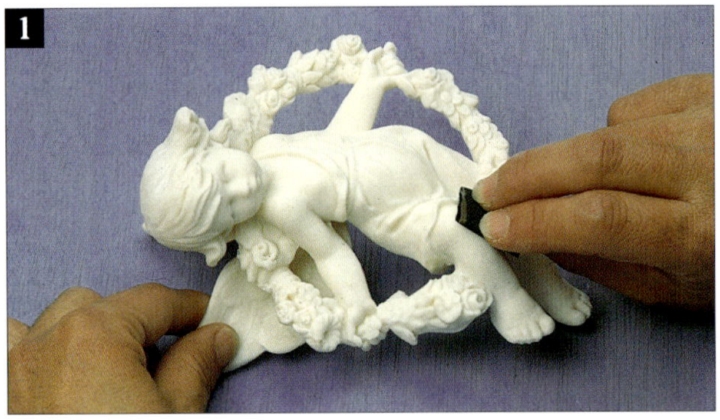

1 Antes de decorar cualquier objeto de marmolina es conveniente repasar y lijar las imperfecciones que pueda tener. Las piezas de marmolina están hechas con polvo de mármol prensado. Pueden conseguirse gran variedad de modelos en distintos tamaños.

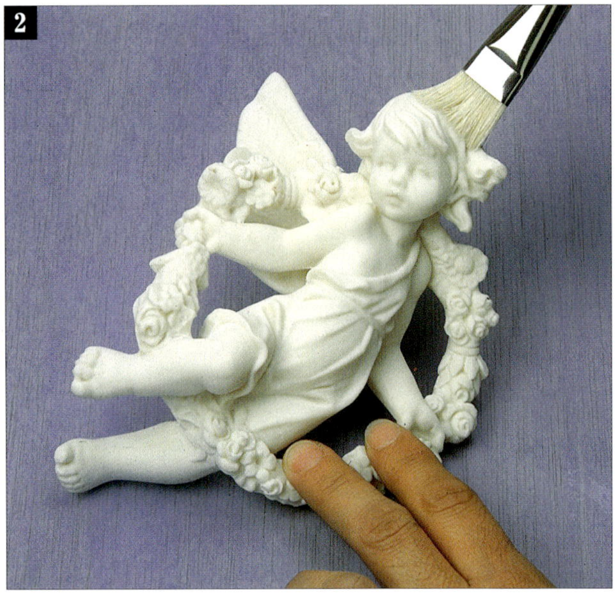

2 Se limpia de polvo todo el objeto con la paletina, que se utiliza como cepillo para poder alcanzar todos los rincones.

La goma laca puede adquirirse en comercios especializados y en distintas tonalidades, desde transparente a color marrón oscuro, aunque siempre es transparente. Los pinceles que se utilizan con la goma laca se limpian con alcohol, agua y jabón.

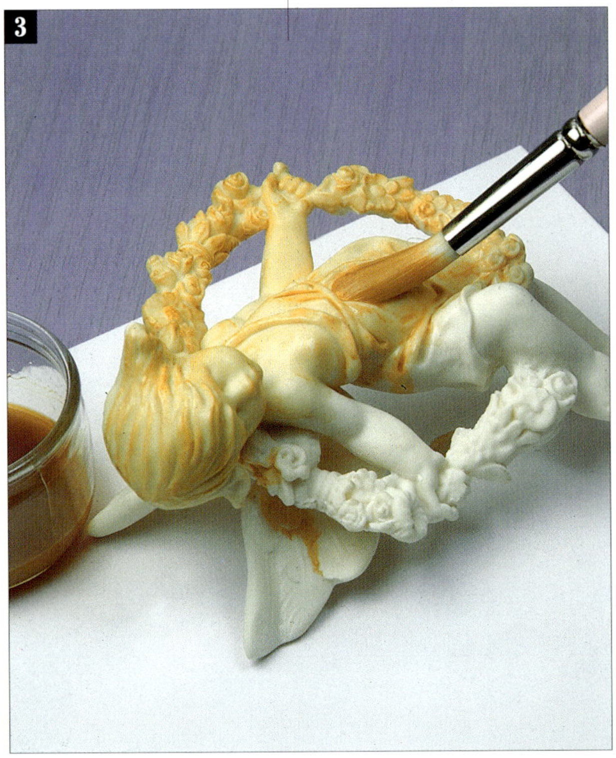

3 Para dar color en transparencia, se pinta todo el objeto con la goma laca de color anaranjado. Si se desea obtener un tono más intenso, puede darse otra capa de goma laca, pero siempre en transparente. Hay que dejar que seque bien.

4 Según la pieza que se desee decorar, se pintarán unos detalles con pintura acrílica de color rojo inglés. En el objeto escogido para este proyecto se han decorado con este color las alas del ángel, el cabello y la orla de flores. Se deja secar bien.

Si el objeto elegido responde a otras características, hay que escoger algún detalle para decorar en rojo inglés y dejar parte del objeto con el color de la goma laca.

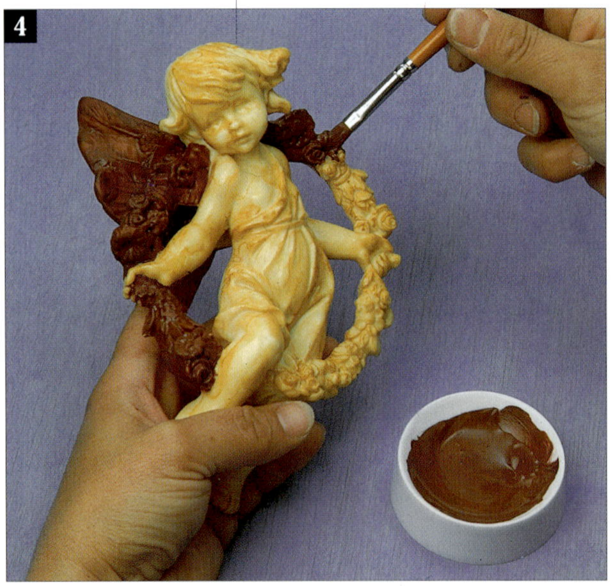

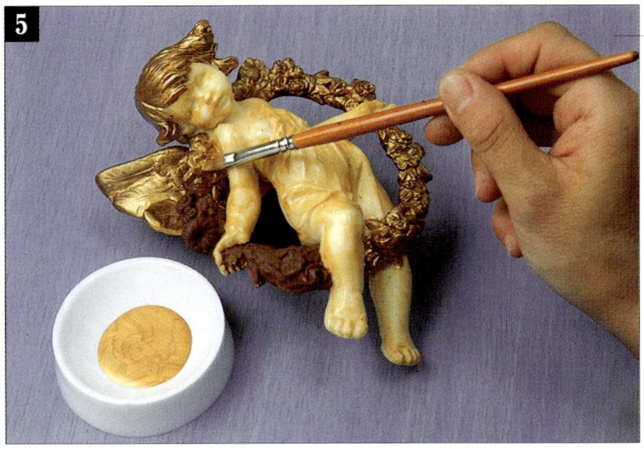

Para que los colores oro se realcen y cobren más importancia, se prepara una base de color rojo inglés. En las piezas antiguas se utilizaba el bol de Armenia debajo del oro fino, que correspondía a este color rojizo.

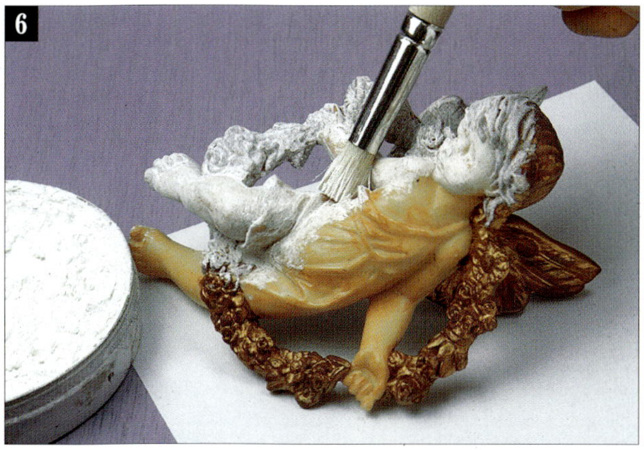

5 Con la pintura acrílica de color oro amarillo se deben cubrir las superficies de forma desigual, dejándose ver parte del rojo inglés. Se deja secar bien la pieza durante un día, como mínimo.

6 Hay que asegurarse de que la pintura de la pieza está bien seca, sólo entonces se pasa a cubrir todo el objeto con la cera cálcica blanca. Ésta se emplea en pequeña cantidad, en capa muy fina y llenando los bajorrelieves de la pieza con la ayuda de un pincel de estarcir. Se deja secar durante una hora.

7 Con un trapo de algodón y presionando suavemente, se elimina el exceso de pátina a la cera, dejando parte de ésta en los rincones del objeto.

Puede ocurrir que la pátina a la cera se seque demasiado y cueste mucho eliminarla. Una forma de conseguirlo es frotando la parte que se quiera recuperar con un poco de cera incolora en un trapo.

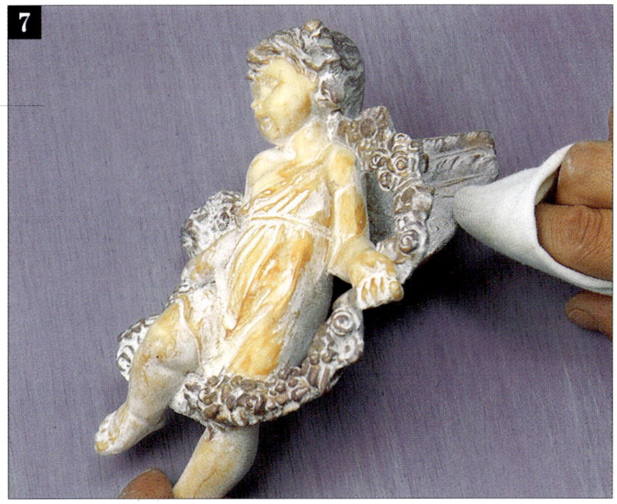

Se pueden conseguir diferentes tonos en los reflejos según el color de cera que se elija, desde el oro, plata y cobre hasta el estaño.

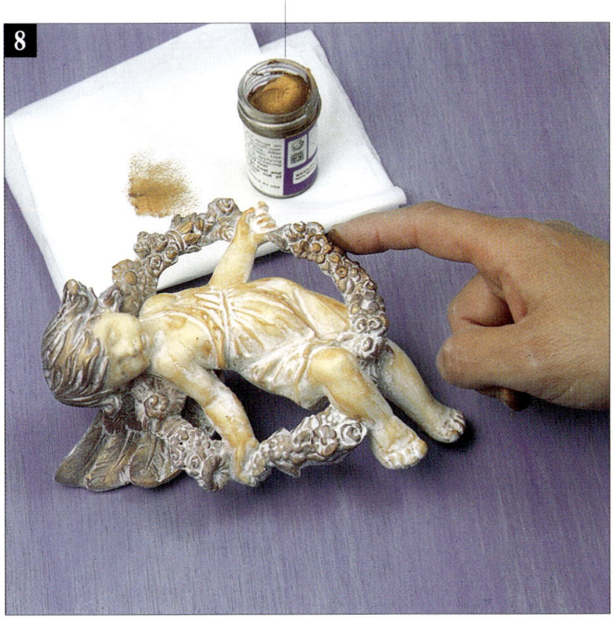

8 Para realzar las partes doradas de la pieza, se aplica cera de dorar con la yema de los dedos y en muy pequeña cantidad, sólo para obtener mínimos reflejos metálicos. Se dejará secar durante una hora.

9 Con una gamuza suave se saca brillo a la pieza. De esta manera también se consigue un acabado suave en toda la superficie.

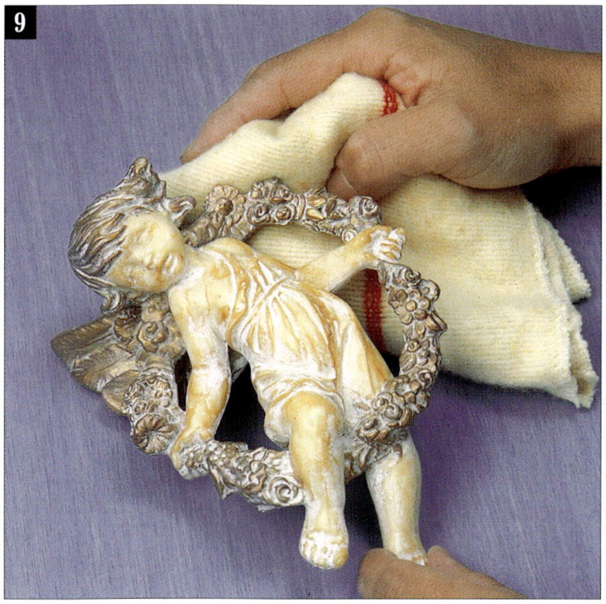

Se pueden encontrar muebles nuevos y convertirlos en piezas con un estilo añejo o, por el contrario, recuperar pequeños objetos o muebles por medio de la pintura.

Mesa de metal
Envejecido a la cera con betún

Algunas veces se encuentran muebles u objetos que por sí solos son decorativos, pero siempre se pueden personalizar. Éste es el caso del proyecto que presentamos, esta mesa de metal fabricada en serie puede ser decorada convirtiéndose así en una pieza única.

MATERIAL NECESARIO

- Papel de lija de grano medio
- Alcohol
- Paletina mediana de pelo de cerda
- Brocha mediana de pelo de cerda
- Trapo de algodón
- Papel de calco de color amarillo
- Papel vegetal
- Lápiz
- Pincel de pelo sintético fino
- Imprimación selladora multiuso acrílica de color marrón claro
- Pintura acrílica de color verde jade
- Cinta adhesiva
- Pintura acrílica de colores: blanco, mostaza, granate, verde hoja, lila, ocre rojo, amarillo limón, azul oscuro, naranja y negro
- Barniz sintético mate
- Betún de Judea
- Guantes de látex

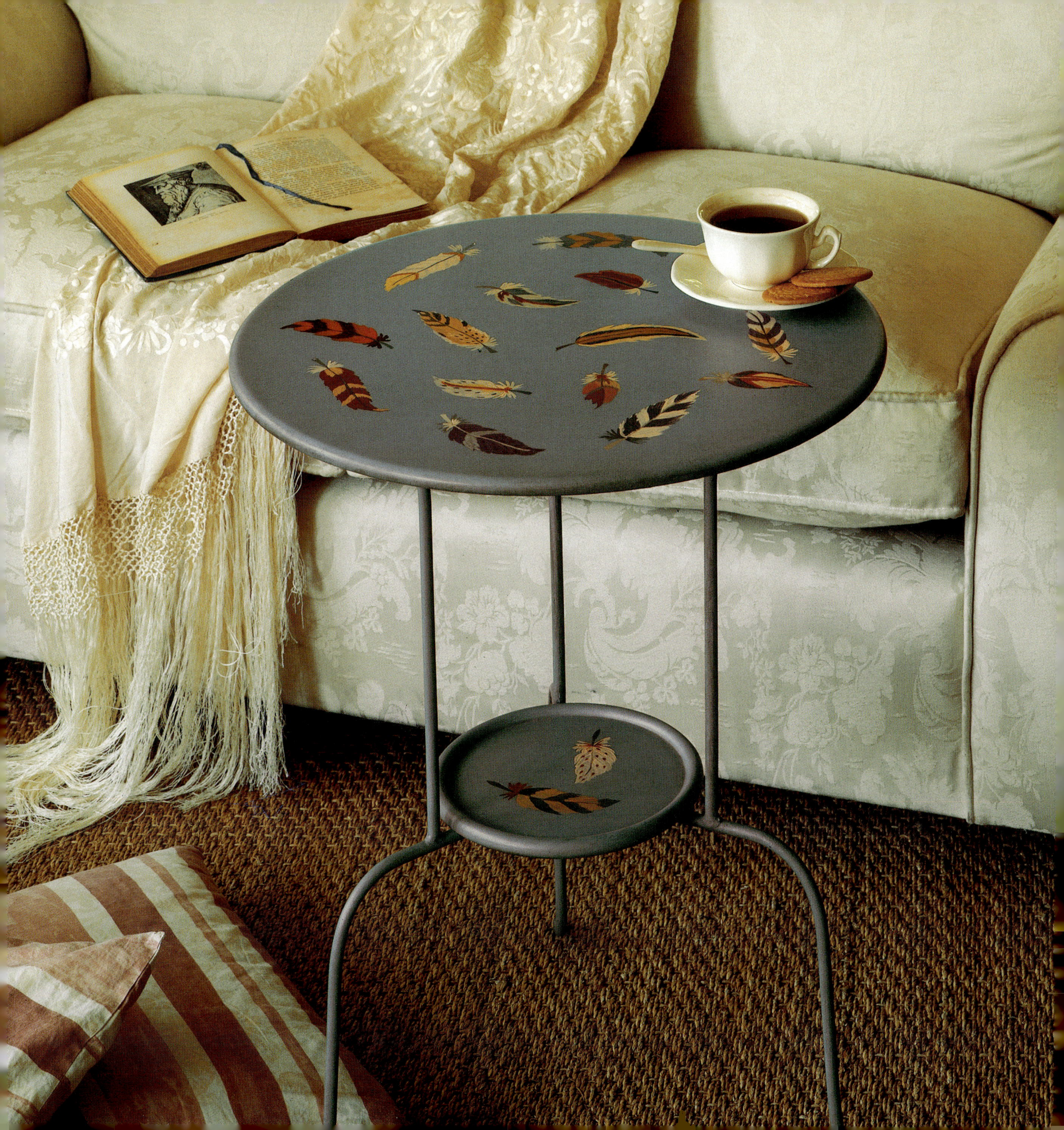

Entre los diversos muebles de metal que hay en el mercado, las mesas son muy decorativas para este acabado, por tener una superficie más o menos grande para decorarla con dibujos a mano alzada.

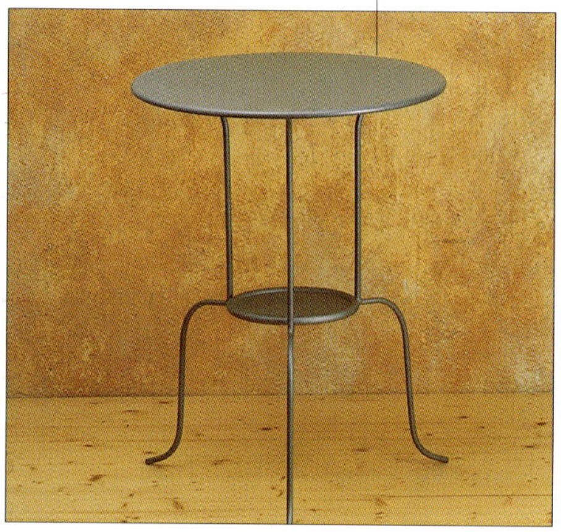

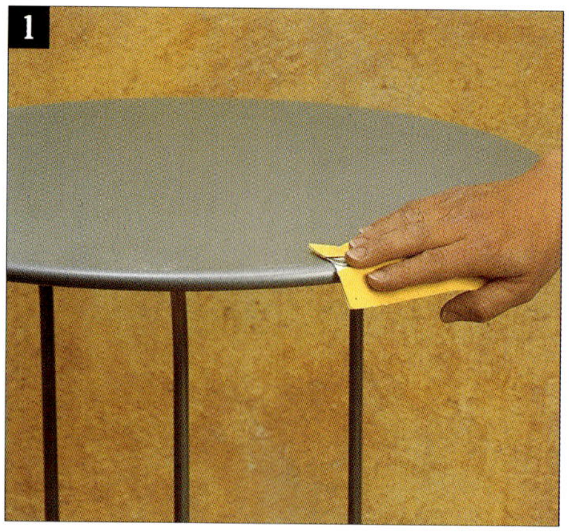

1 Para preparar la superficie de metal que se va a decorar, se frota suavemente toda la mesa con una lija de grano medio. De este modo, la imprimación selladora se adhiere mejor a la superficie.

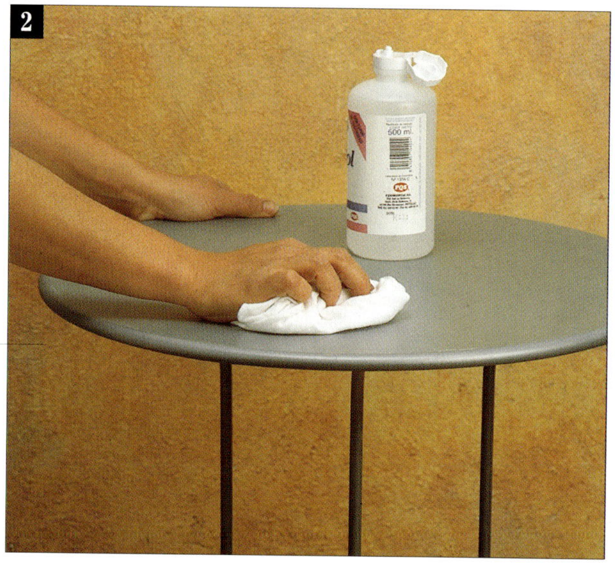

Cuando se decoran objetos o muebles que ya han estado pintados es importante asegurarse de que la superficie esté perfectamente limpia.

2 Con alcohol se limpia el polvo o los restos de grasa que pueda tener el objeto. El alcohol es un buen desengrasante. También podemos utilizar agua tibia con un poco de amoníaco y unas gotas de jabón.

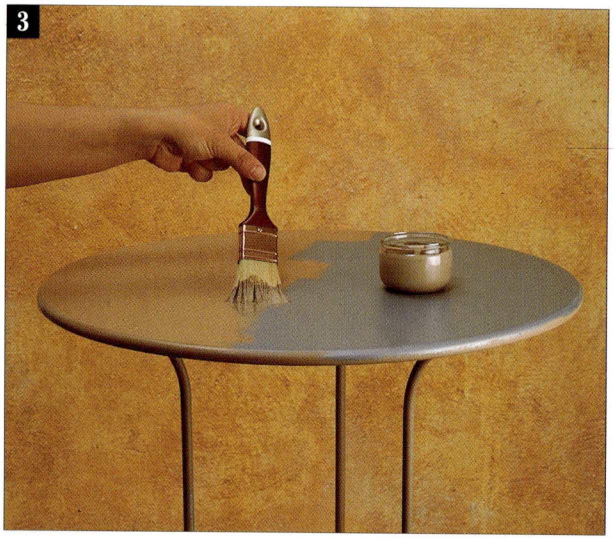

3 Se extiende una capa uniforme de imprimación selladora por toda la superficie. En este proyecto se ha utilizado una multiuso de color marrón claro. Hay que dejar secar durante 24 horas.

Pueden utilizarse imprimaciones selladoras para metales, comercializadas en distintos colores.

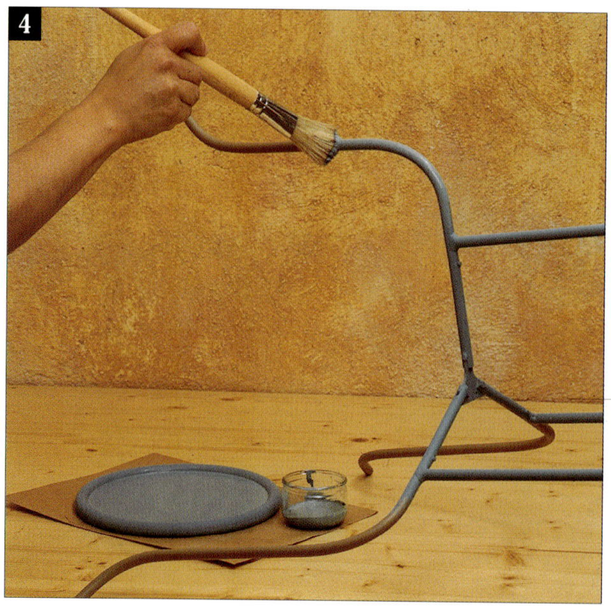

4 Con una brocha mediana de pelo de cerda, se pinta toda la superficie con la pintura acrílica de color verde. Es importante que quede bien cubierto todo el mueble y, si no es así, una vez seco se aplicará una segunda capa.

El color verde jade se ha escogido para este proyecto con la intención de integrarlo en una decoración en concreto. El color de fondo puede ser cualquiera que se adapte al lugar donde se vaya a colocar el mueble.

5 Se calcan las distintas formas de plumas en papel vegetal y se recortan, dejando un pequeño margen a su alrededor. Es importante que antes de transferirlas a la superficie se distribuyan bien hasta conseguir que el estampado quede equilibrado. Sobre la superficie de la mesa, se calcan las plumas con el papel de calco amarillo fijándolas antes con cinta adhesiva.

Si no se tiene mucha práctica pintando, es importante ensayar antes los colores en los dibujos sobre papel. De esta manera se va cogiendo soltura con el pincel.

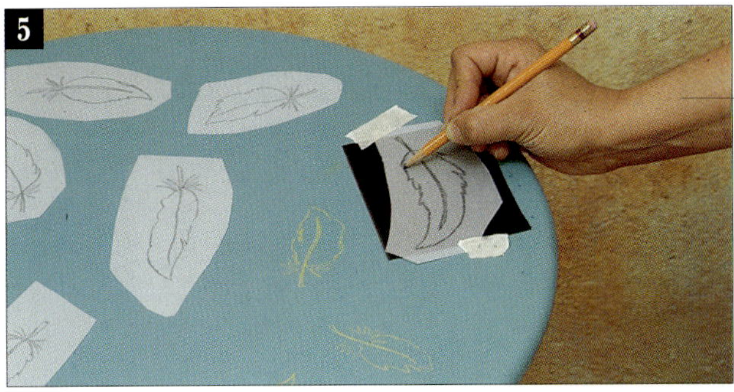

Es mejor utilizar un lápiz de mina blanda para transferir el dibujo, de este modo no se raya la superficie que se va a decorar.

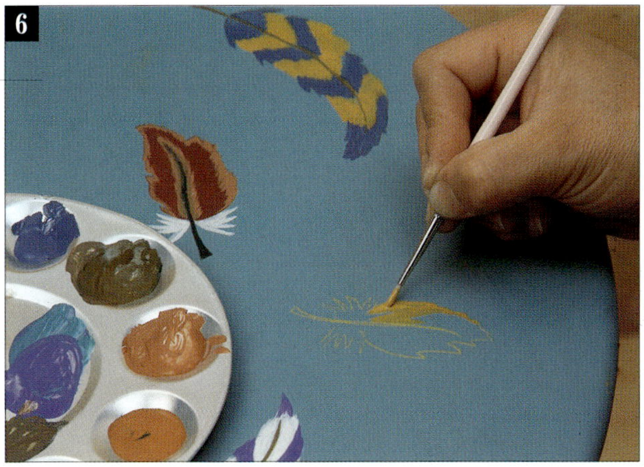

6 Se deben preparar en una paleta los distintos colores acrílicos que se vayan a utilizar en la decoración de las plumas. Se empieza perfilando la forma en capas suaves de pintura y, poco a poco, se colorean los dibujos.

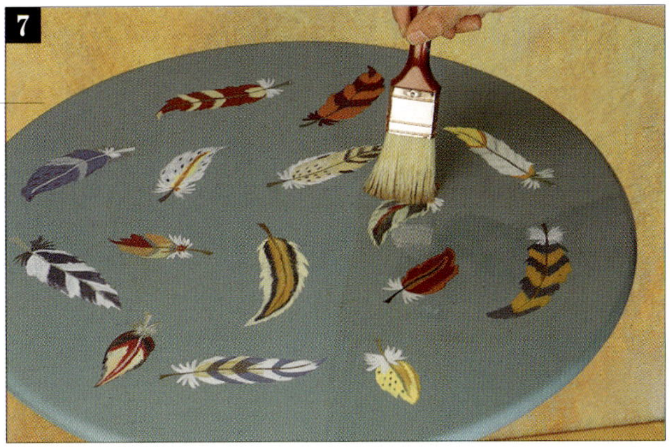

La mayoría de los barnices industriales no son del todo transparentes, presentan un tono acaramelado. Los barnices sintéticos son los que menos alteran el color original.

7 Los dibujos pintados se dejan secar durante una hora y se protege la superficie de todo el objeto con barniz sintético mate. Hay que dejarlo secar.

8 Se patina con cera y betún de Judea, extendiendo por toda la mesa una capa ligera para envejecer, de una forma suave.

9 Antes de que la pátina se seque hay que eliminar el exceso con un trapo suave de algodón, con golpecitos perpendiculares a la superficie hasta conseguir el tono de envejecido deseado.

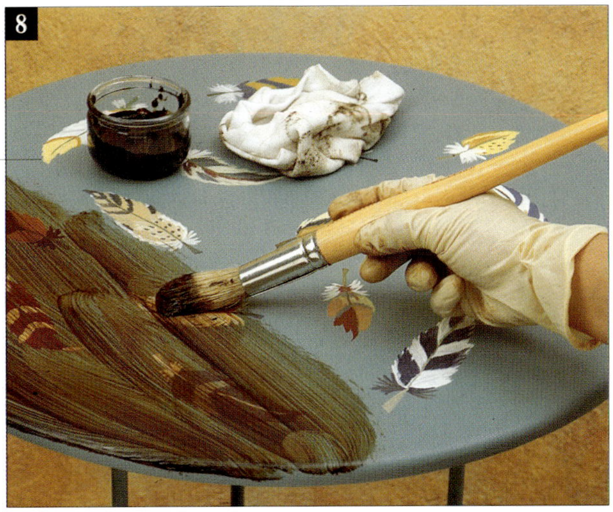

Es aconsejable utilizar guantes de látex cuando se trabaja con el betún de Judea, ya que es difícil de limpiar.
Las brochas que se utilizan para extender la pátina de la cera con betún se limpian con aguarrás y después con agua tibia y jabón.

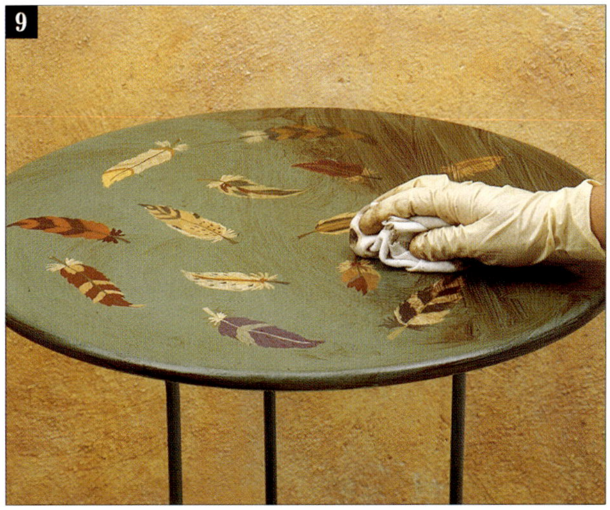

Colgador de resina
Envejecido al agua

Para envejecer con pátinas también pueden utilizarse objetos o motivos infantiles. Se ha escogido este colgador de resina con el motivo de los osos por su graciosa forma y su utilidad. La ambientación con objetos o muebles rústicos envejecidos en habitaciones infantiles cada día es más empleada por algunos decoradores, integrando estos elementos en un conjunto.

Se consiguen mejores efectos decorativos si se envejecen también otras piezas de la habitación infantil, algunos adornos o pequeños muebles.

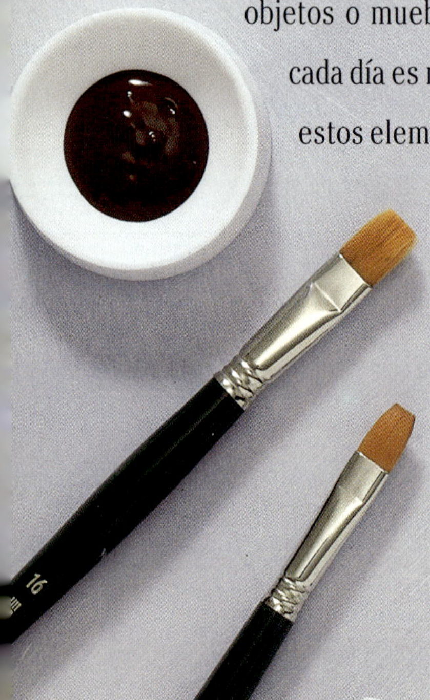

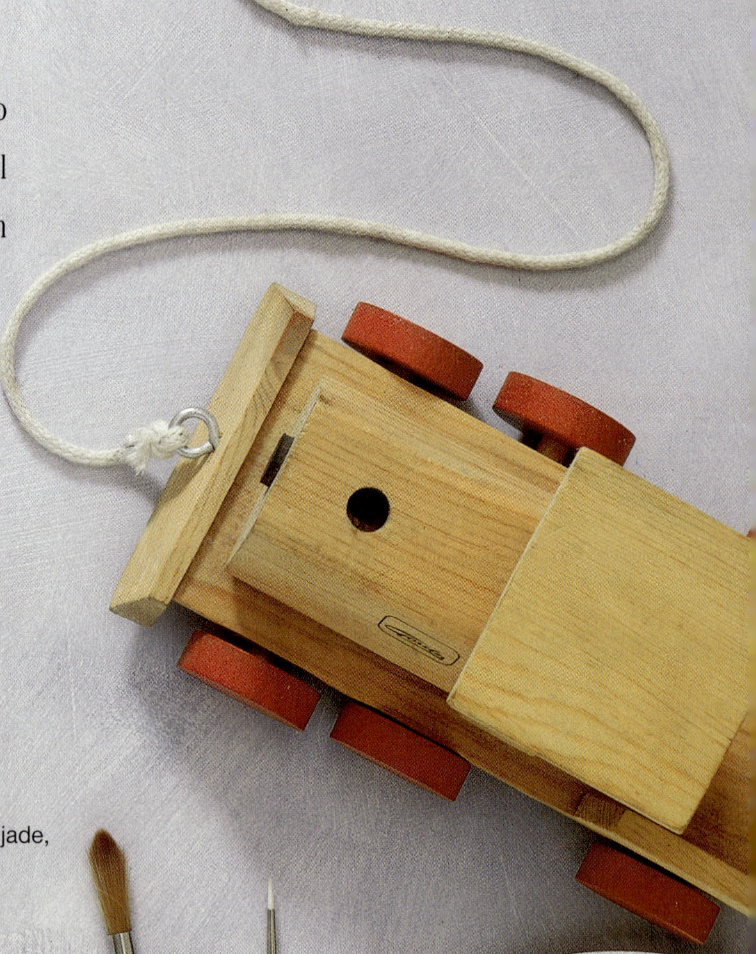

MATERIAL NECESARIO

- Alcohol
- Trapo de algodón
- Paletina pequeña de pelo sintético
- Paletina mediana de pelo sintético
- Pincel de pelo natural suave
- Imprimación selladora multiuso acrílica
- Pintura acrílica de colores: marrón claro, verde jade, amarillo, rojo, azul oscuro, azul medio, azul celeste, blanco y ocre amarillo
- Pátina al agua de color marrón café

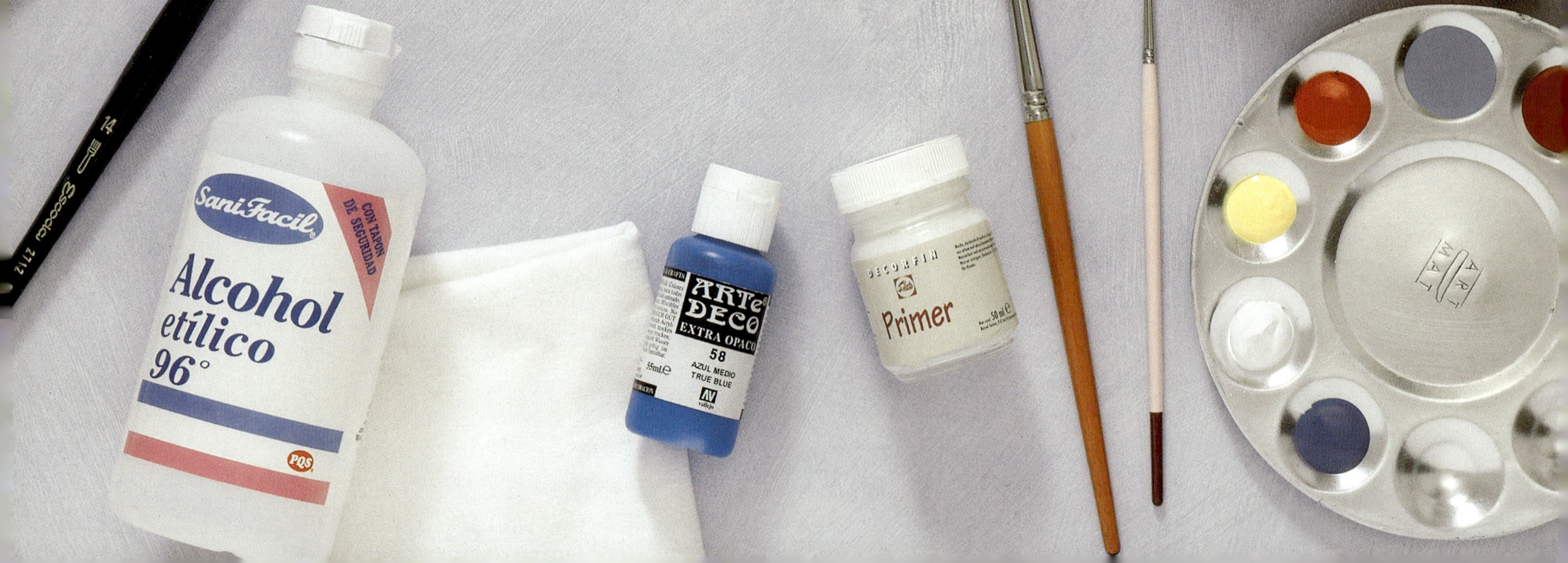

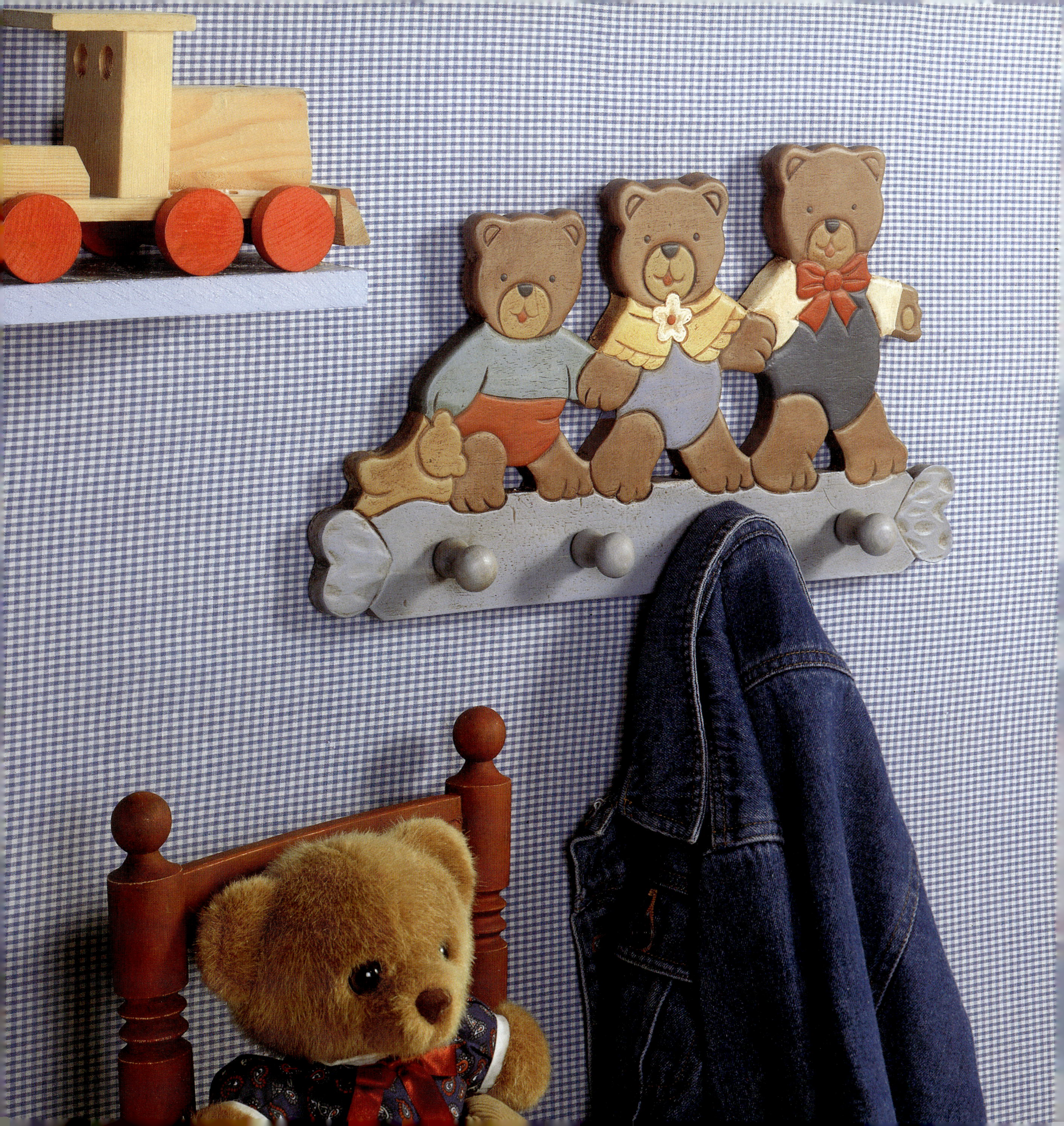

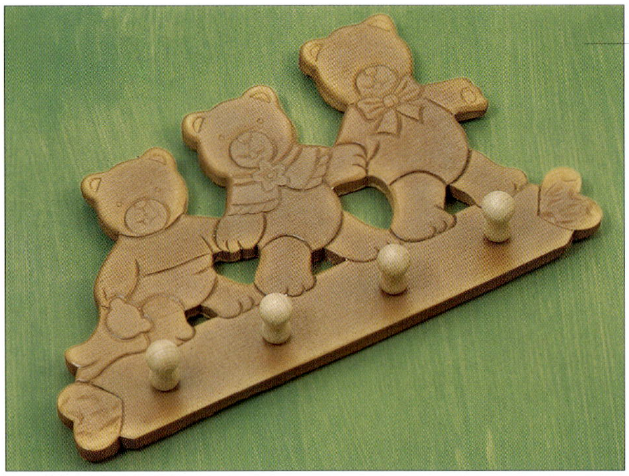

Es preferible que los objetos elegidos, sean grandes o pequeños, permitan pintar en distintos colores la mayoría de sus zonas, como en este caso las figuras de los osos, con los detalles y sus vestidos.

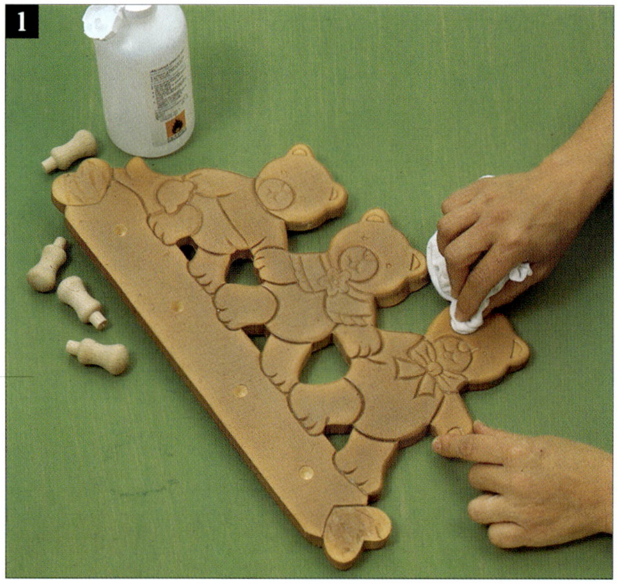

Aunque los objetos sean nuevos, debemos asegurarnos de que no tengan posibles restos de grasa o polvo, de lo contrario puede suceder que, una vez decorado, la pintura salte.

1 Se limpia con alcohol toda la superficie para eliminar los restos de suciedad que pueda tener el objeto de resina.

Es importante que la capa selladora sea fina para que los relieves y bajorrelieves no pierdan su forma.

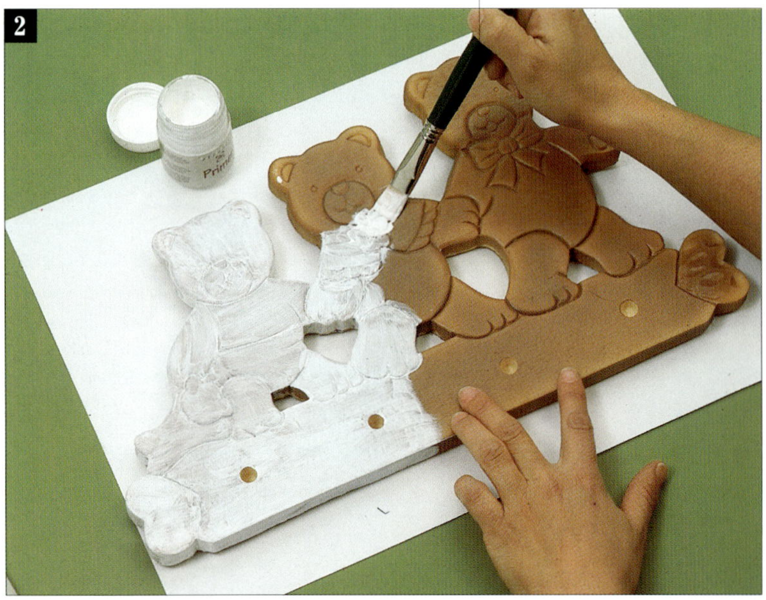

2 Con la paletina mediana de pelo sintético se extiende la imprimación selladora acrílica en una fina capa y por toda la pieza. Se deja secar.

Cuando se trabaja con varios colores, es aconsejable dejar secar cada uno de ellos a medida que se va pintando.

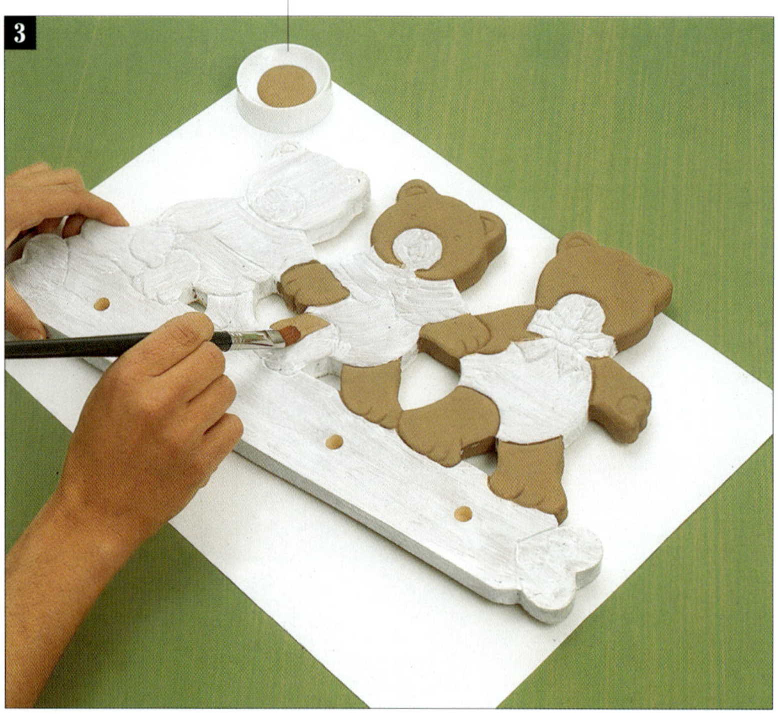

3 En primer lugar se pintan con el color acrílico marrón claro las zonas más importantes de la figura cubriéndolas con capas finas, en este caso los cuerpos de los ositos.

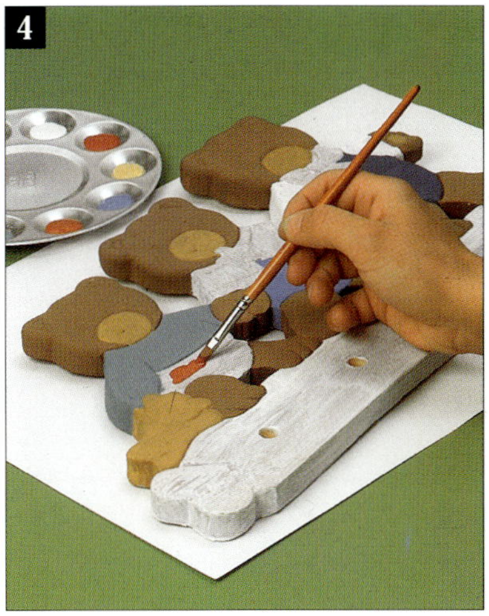

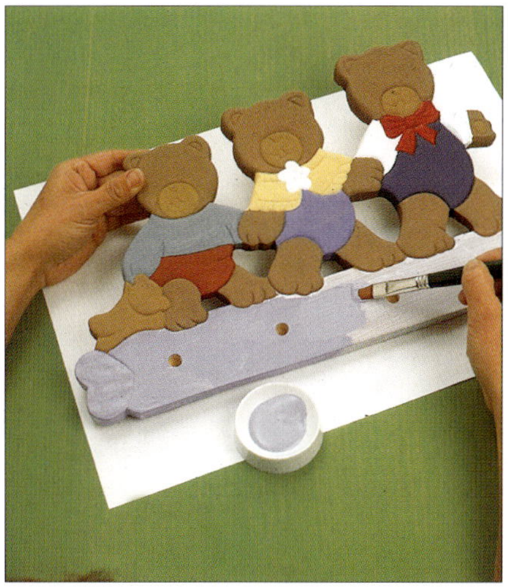

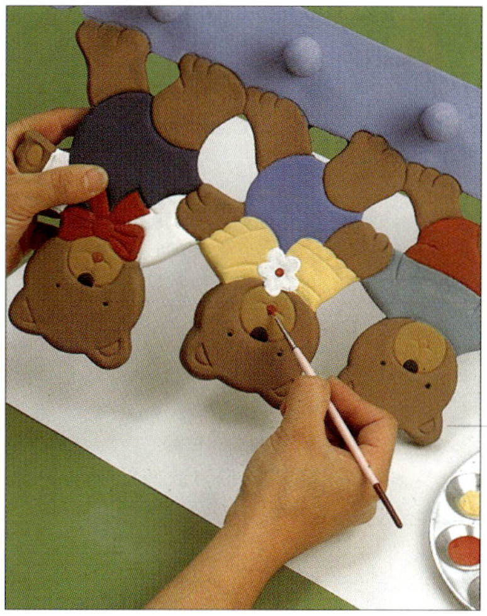

4 Poco a poco se va coloreando con el resto de colores acrílicos todo el objeto, y se reservan para el final los pequeños detalles como los ojos, la boca, los lazos, etc. Hay que dejar secar bien durante una hora.

Se pueden añadir más detalles aunque no estén señalados en la pieza, como pintar a cuadros los pantalones o a topos los vestidos.

5 Para proteger todo el trabajo, se barniza con un barniz acrílico mate con la ayuda de un pincel de pelo natural suave. De esta manera la pátina al agua que se aplicará después no alterará los colores. Se deja secar durante una hora.

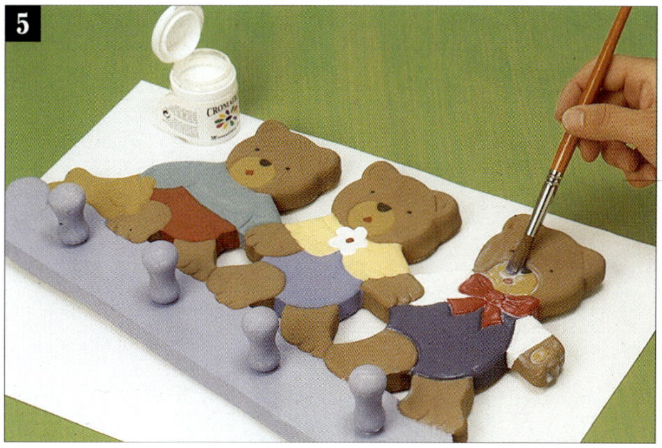

Algunas piezas de resina presentan pequeñas muescas que imitan el poro de la madera. Si es así, es importante que la pátina envejecedora quede dentro de estas pequeñas muescas.

6 Para envejecer este colgador se ha utilizado una pátina al agua de color marrón café, que se debe extender por zonas con un pincel suave de pelo natural, insistiendo en los bajorrelieves.

7 Con un trapo de algodón se va suavizando el efecto del envejecido hasta conseguir la tonalidad deseada. Se darán golpecitos, sin frotar, para no arrastrar la pátina y obtener un efecto más real de envejecido.

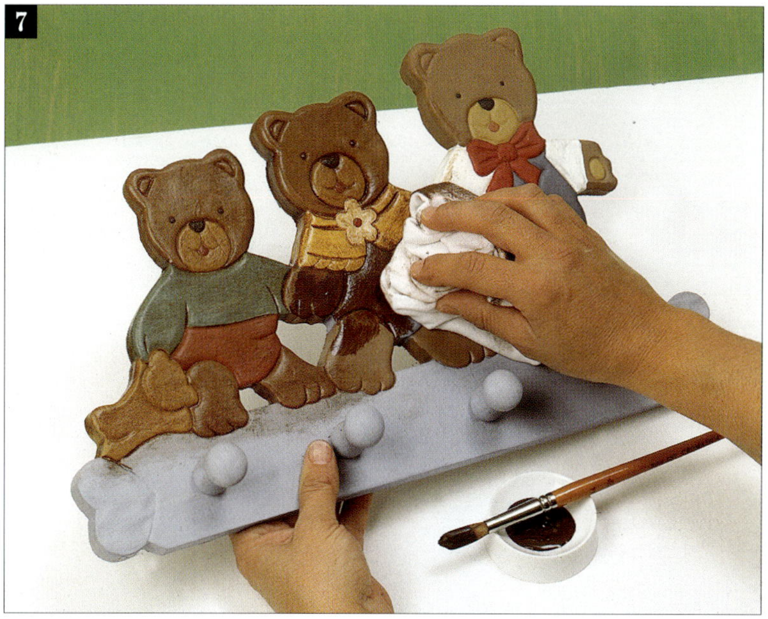

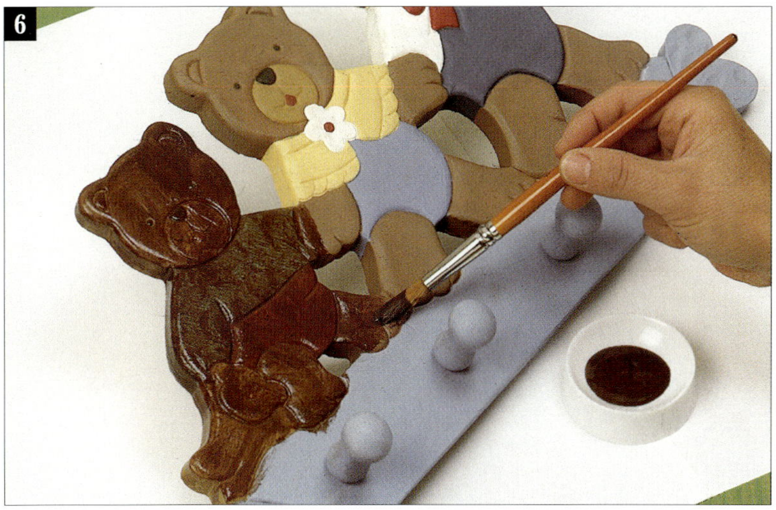

Macetero de plástico
Efecto de hierro oxidado

Con el sulfato de hierro pueden conseguirse unas pátinas de oxidación espectaculares. A partir de cualquier tipo de superficie, como en este caso el plástico, se obtienen acabados con aspecto de hierro.

Es aconsejable trabajar con guantes de látex, pues el sulfato de hierro tiene un gran poder de oxidación. Por este motivo se deben proteger todas las superficies donde se trabaje y sobre todo las manos.

MATERIAL NECESARIO

- Papel de lija de grano medio
- Paletina grande de pelo de cerda
- Brocha mediana de pelo de cerda
- Imprimación selladora multiuso acrílica
- Pintura plástica de colores beige claro, rojo óxido y marrón
- Sulfato de hierro
- Barniz sintético mate
- Barniz de poliuretano
- Betún de Judea
- Guantes de látex

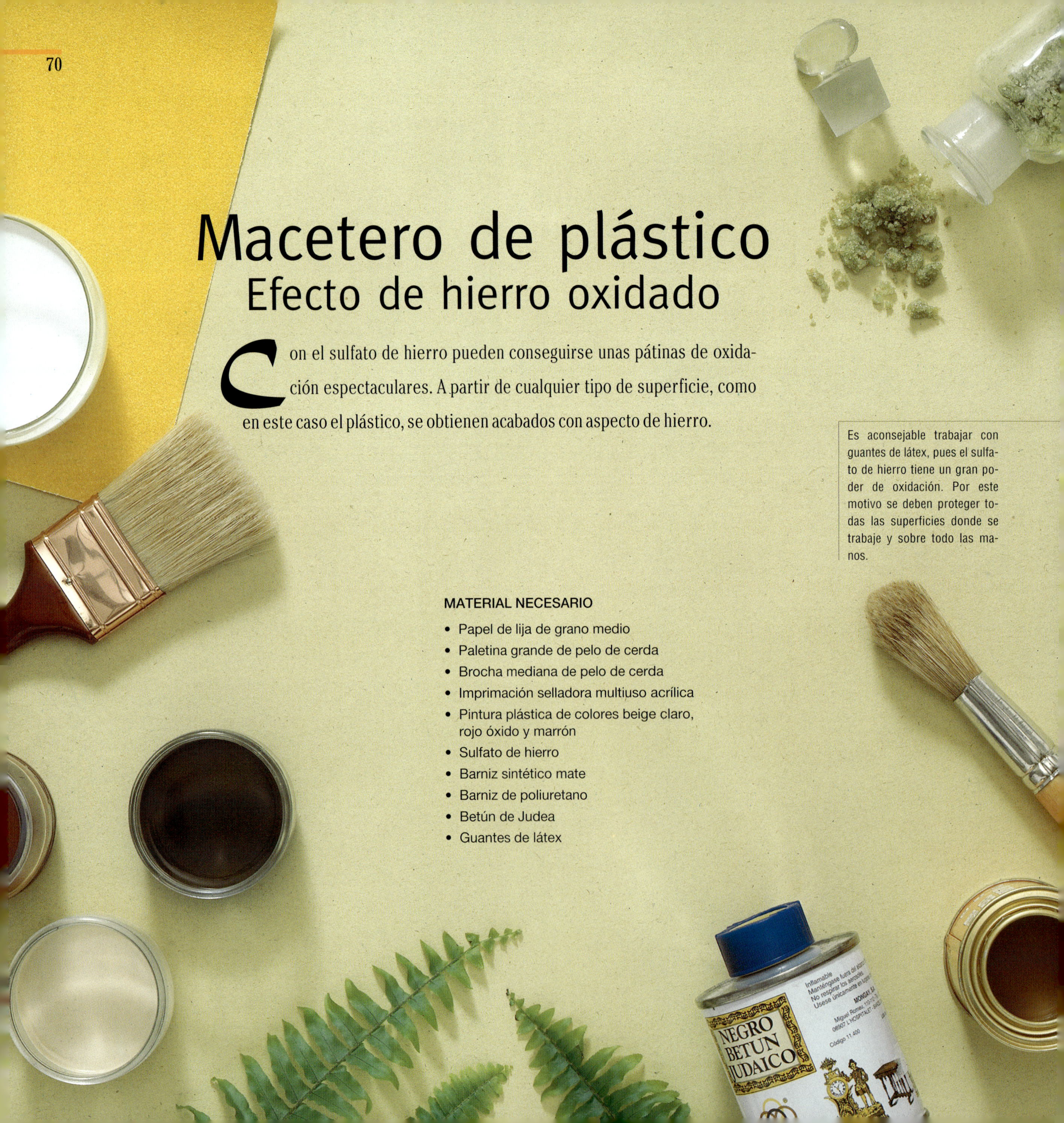

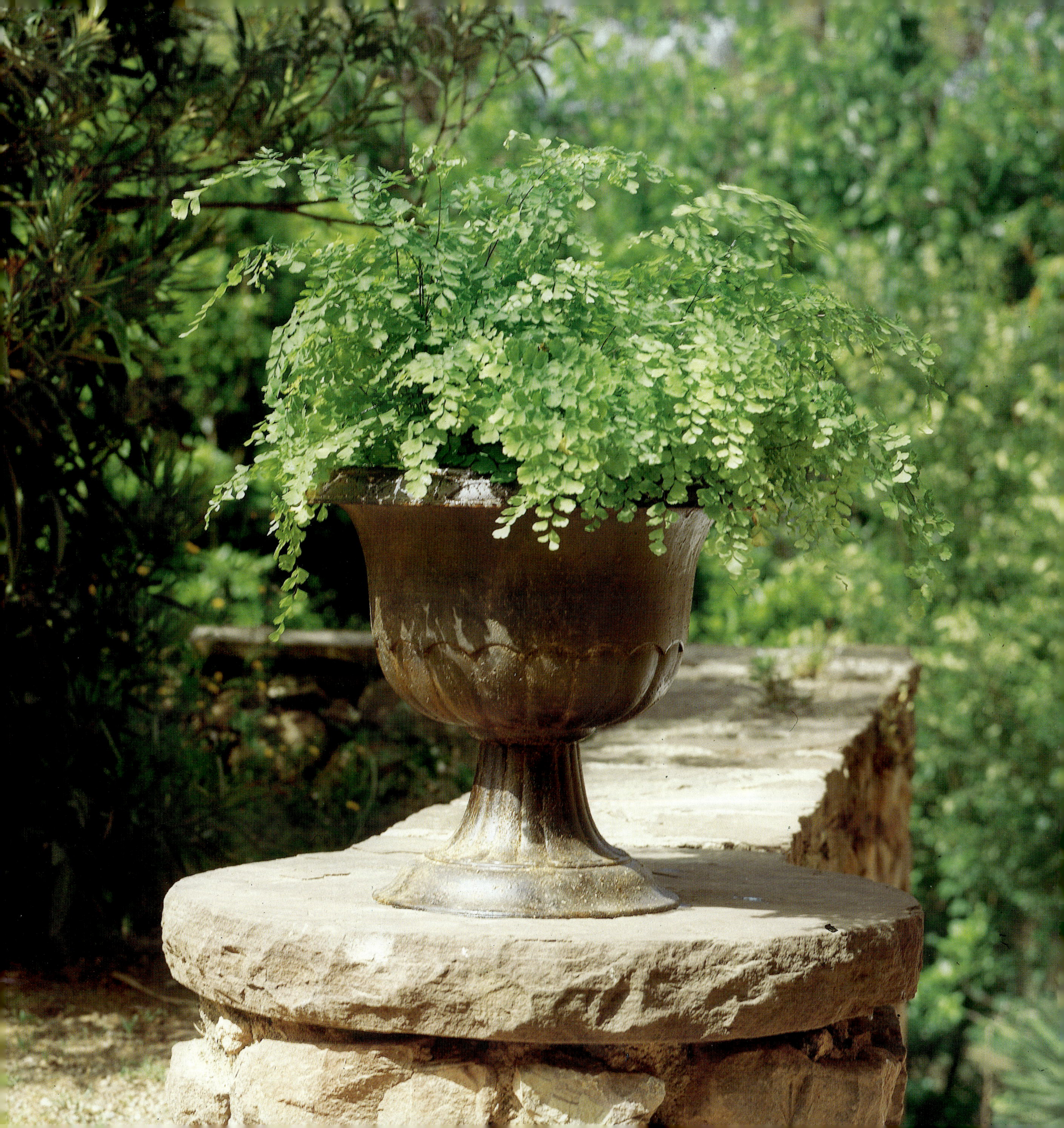

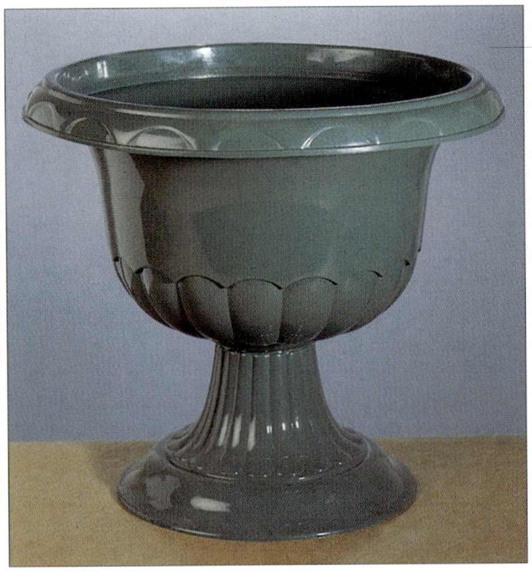

La pátina de oxidación puede aplicarse sobre cualquier tipo de soporte, pero en superficies de plástico existe una gran variedad de objetos (como este macetero) con los que se consiguen unos acabados espectaculares.

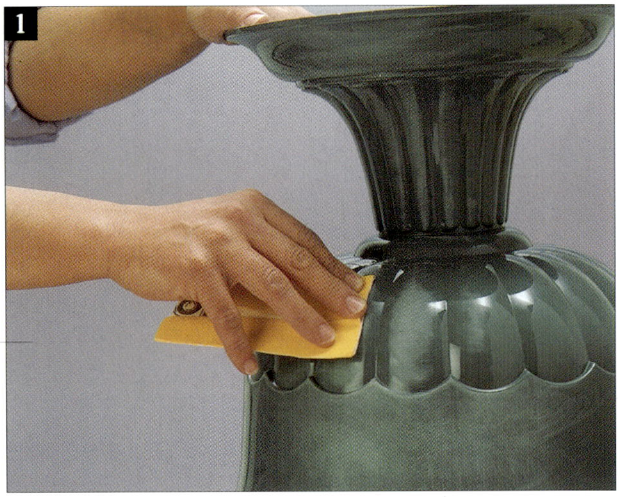

Después de lijar, se limpia toda la superficie con un trapo húmedo para eliminar los restos de polvo. Se secará bien con otro trapo.

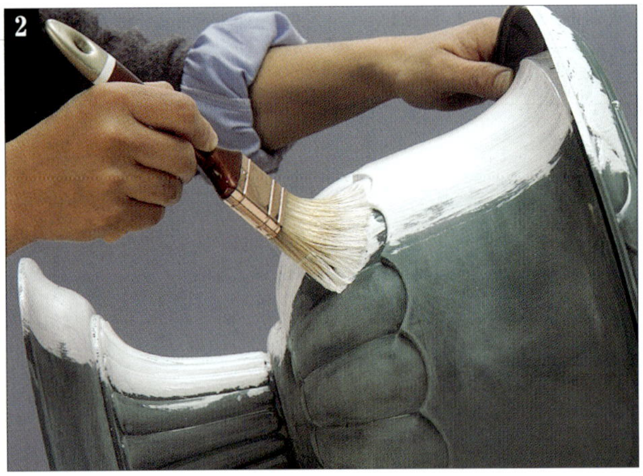

El tamaño de los pinceles o brochas que deben utilizarse dependerá siempre del tamaño de la pieza que se vaya a decorar. El tiempo de secado de la selladora siempre aparece indicado en la parte posterior del envase. Según el fabricante este tiempo será variable.

1 Se debe frotar toda la superficie con una lija de grano medio para rayar un poco todo el objeto. De esta forma, la imprimación selladora tendrá mayor adherencia.

2 En esta ocasión se utiliza una imprimación selladora acrílica que debe aplicarse con una paletina grande cubriendo toda la superficie. Se deja secar.

3 Se diluye la pintura plástica de color beige con agua para que sea más ligera y de esta forma se oxide con mayor rapidez. Se pinta toda la superficie del objeto y se deja secar durante una hora.

4 Con el color rojo óxido se cubre, por partes y de forma desigual, casi toda la pieza, dejando algunas zonas sin pintar apenas. Hay que dejar que seque bien.

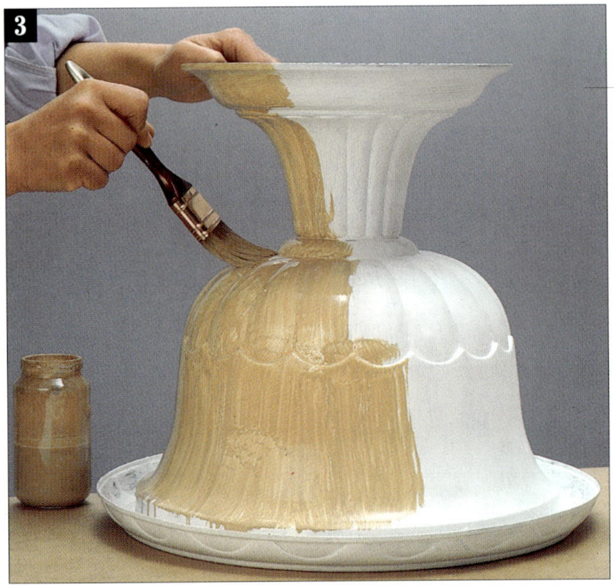

Se recomienda utilizar pintura plástica para este acabado por tratarse de una pintura ligera. En cambio, con una pintura acrílica, oxidarla resulta más costoso.

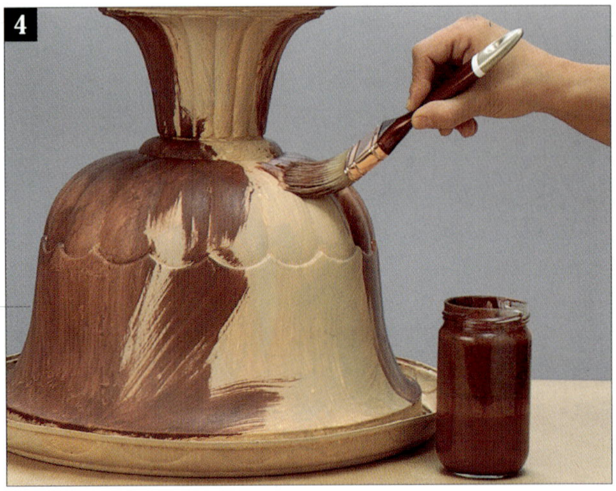

Se aconseja utilizar de 2 a 3 tonos de pintura para cubrir toda la superficie, consiguiendo así distintas tonalidades que darán más efectos que si se utilizase un solo color.

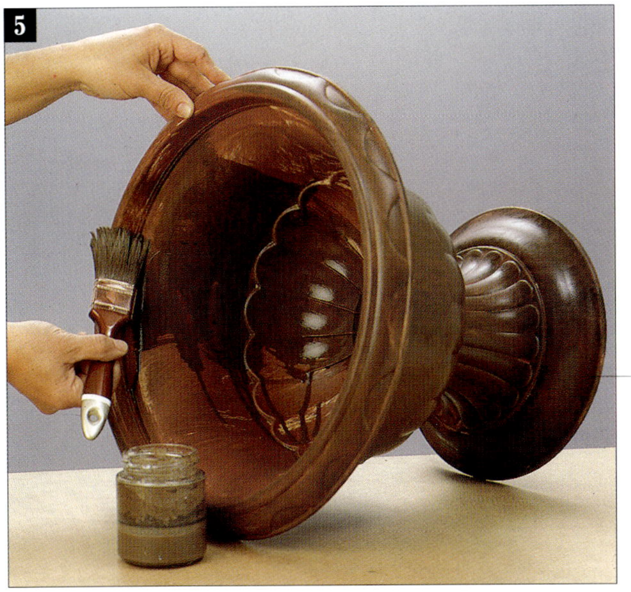

5 Se repite el mismo proceso con la pintura plástica marrón. Del mismo modo, se dejan zonas en las que queden al descubierto los colores anteriores. Se deja secar durante una hora.

El tiempo necesario para lograr que la pieza oxide dependerá del lugar o de la estación del año. Cuanto más aire o humedad haya, el sulfato de hierro con el oxígeno del aire nos dará una reacción de oxidación determinada.

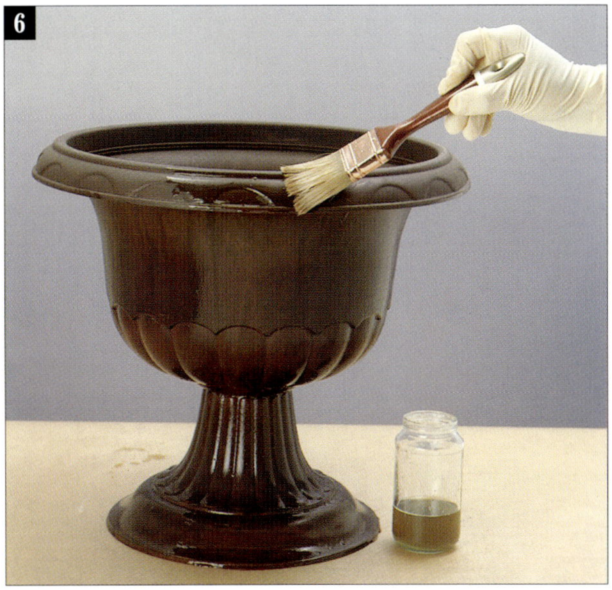

6 Con el óxido de hierro disuelto en agua se va mojando toda la pieza dejando en los bajorrelieves una cantidad mayor. Como es muy líquido, se debe ir repitiendo el mismo proceso para conseguir que toda la pieza quede bien humedecida. Se deja que el objeto se seque en un lugar ventilado.

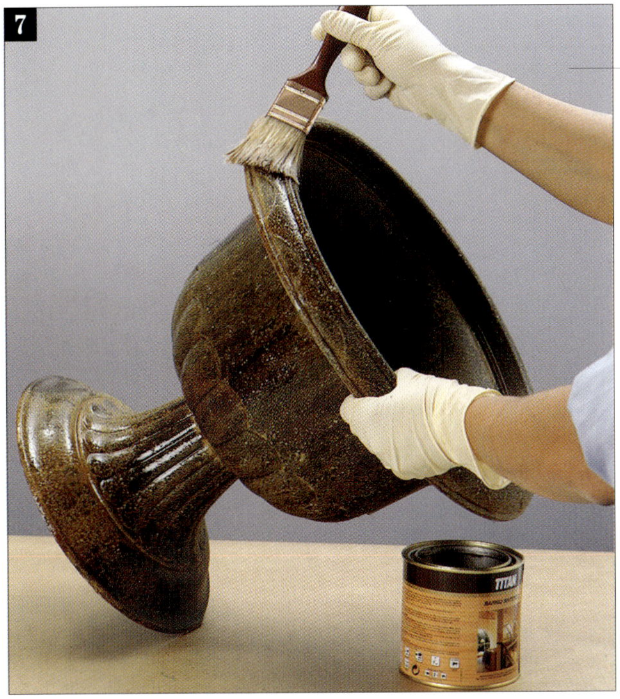

Se aconseja utilizar un barniz mate para que el efecto sea más real. Si la pieza tiene que colocarse en un exterior, es mejor utilizar un barniz de poliuretano.

7 Según la pieza que se decore y el gusto personal, el efecto del oxidado se dará por conseguido cuando el color del óxido sea del agrado de cada uno. En ese momento, para finalizar el proceso, se pasa a barnizar el objeto con el fin de parar su oxidación. Se utiliza un barniz sintético mate con el que se protege toda la superficie. Se deja secar bien.

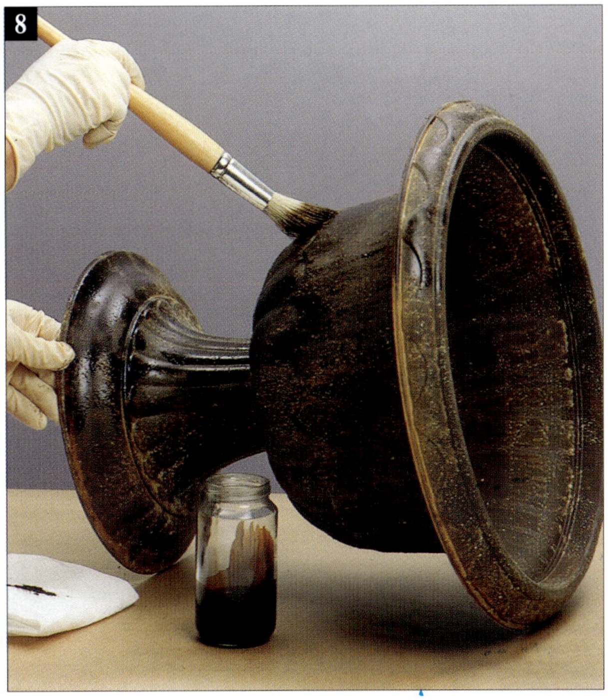

8 El hierro, aunque oxidado, presenta pequeños toques de color algo satinados. Este efecto se consigue con el betún de Judea. Con una brocha mediana de pelo de cerda y un poco de betún casi en seco, se van dando pequeños matices por zonas, sobre todo en los relieves y de manera desigual, consiguiéndose así un acabado más real.

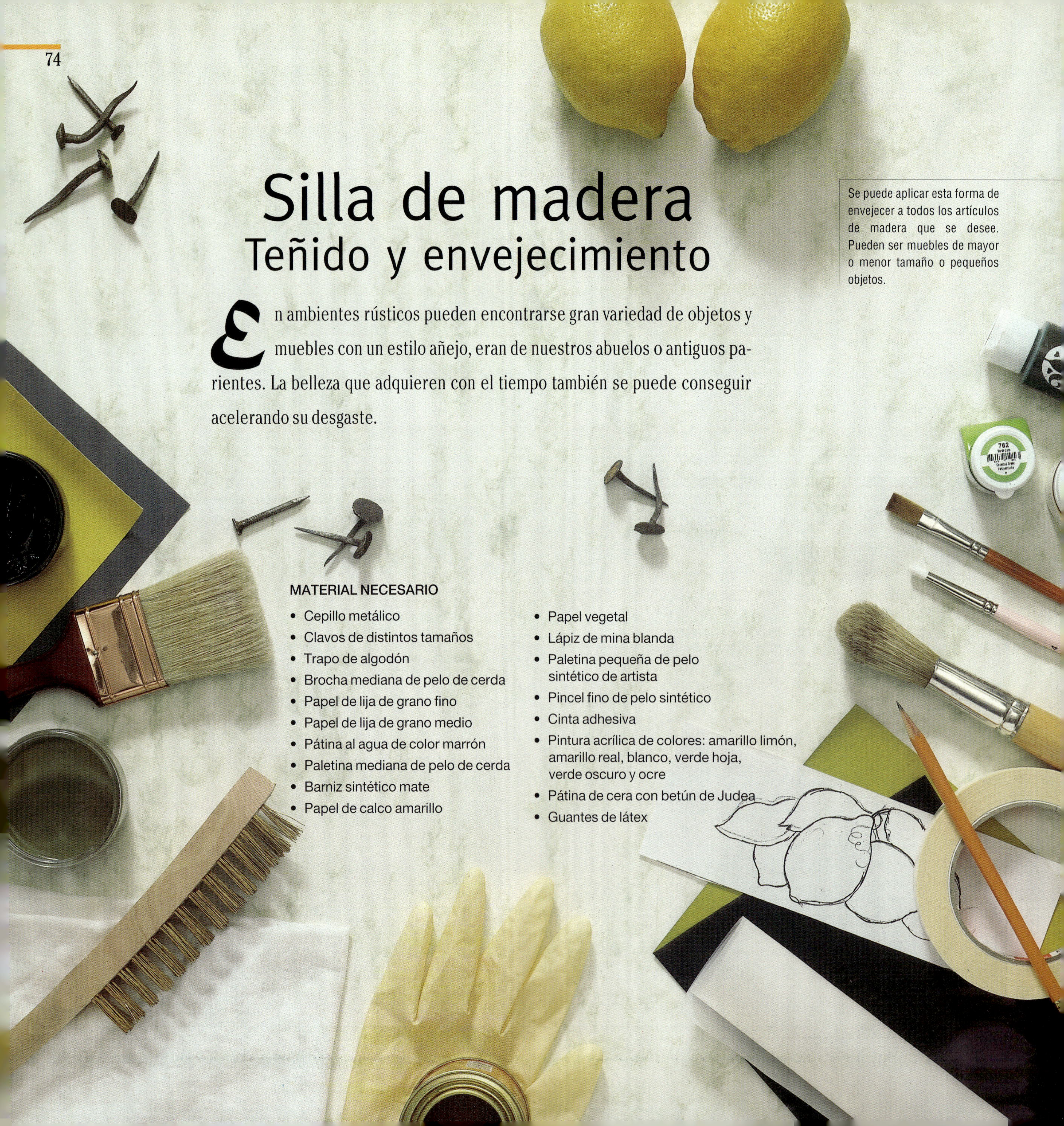

Silla de madera
Teñido y envejecimiento

Se puede aplicar esta forma de envejecer a todos los artículos de madera que se desee. Pueden ser muebles de mayor o menor tamaño o pequeños objetos.

En ambientes rústicos pueden encontrarse gran variedad de objetos y muebles con un estilo añejo, eran de nuestros abuelos o antiguos parientes. La belleza que adquieren con el tiempo también se puede conseguir acelerando su desgaste.

MATERIAL NECESARIO

- Cepillo metálico
- Clavos de distintos tamaños
- Trapo de algodón
- Brocha mediana de pelo de cerda
- Papel de lija de grano fino
- Papel de lija de grano medio
- Pátina al agua de color marrón
- Paletina mediana de pelo de cerda
- Barniz sintético mate
- Papel de calco amarillo
- Papel vegetal
- Lápiz de mina blanda
- Paletina pequeña de pelo sintético de artista
- Pincel fino de pelo sintético
- Cinta adhesiva
- Pintura acrílica de colores: amarillo limón, amarillo real, blanco, verde hoja, verde oscuro y ocre
- Pátina de cera con betún de Judea
- Guantes de látex

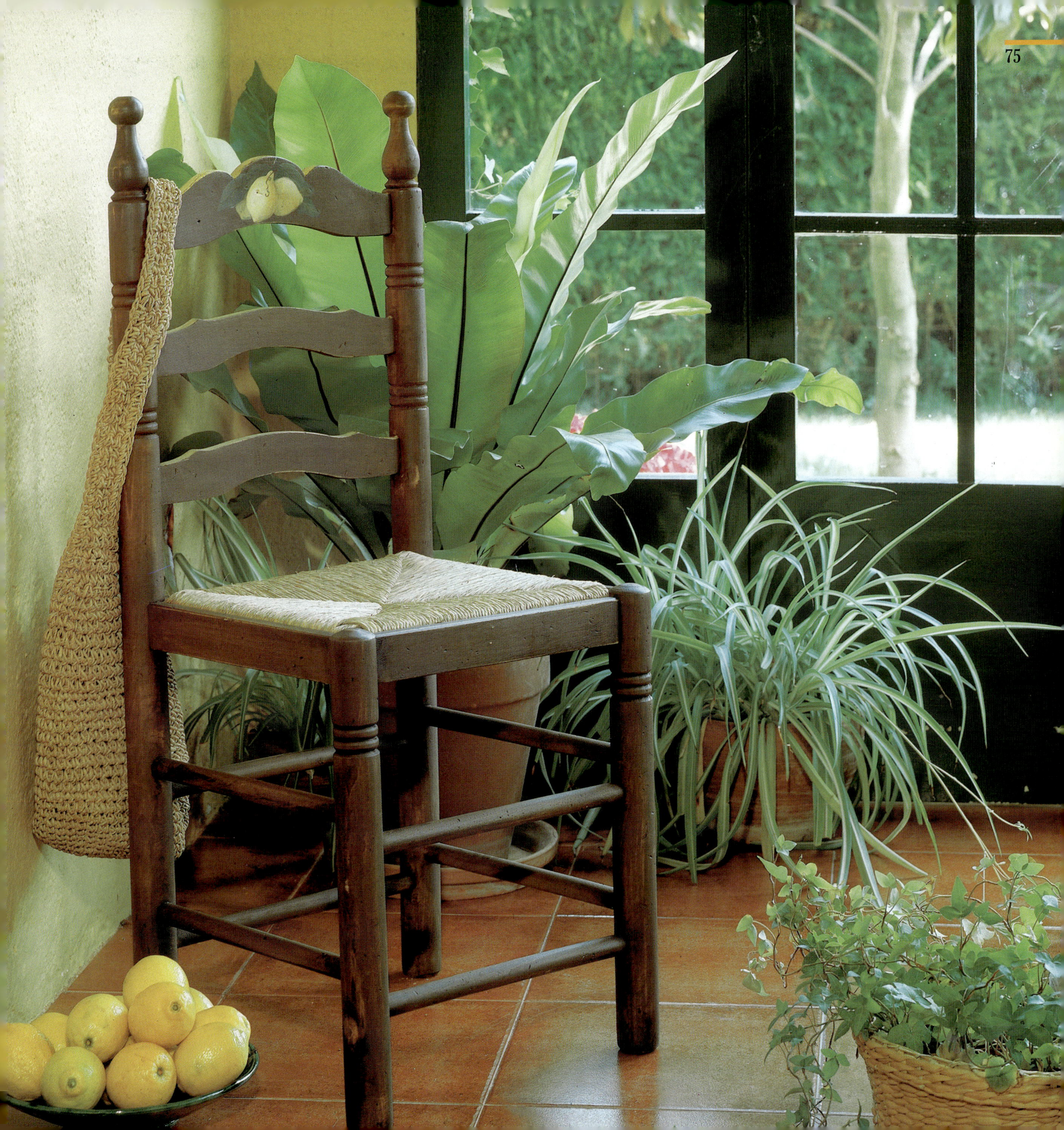

En este proyecto se tiñe, envejece y decora esta silla rústica de madera clara para conseguir que además del carácter útil del objeto se añada el decorativo.

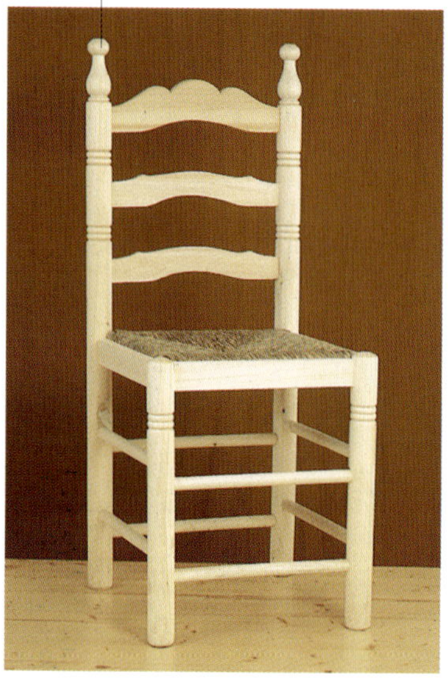

1 Se dobla varias veces un trapo de algodón y se introducen clavos en su interior, formando así una muñequilla.

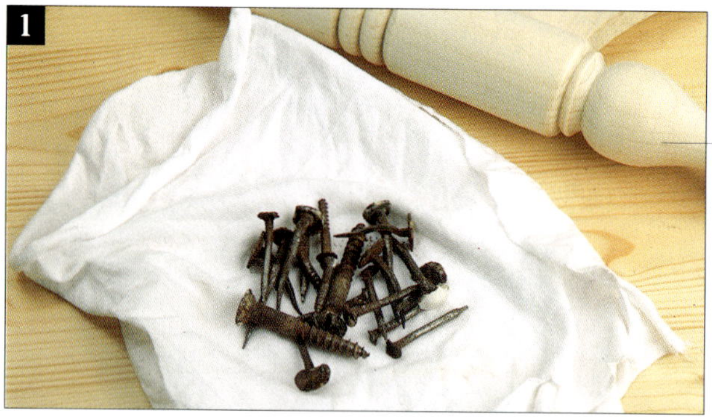

Es mejor usar clavos o tornillos de varias formas y tamaños para conseguir efectos de golpes diferentes.

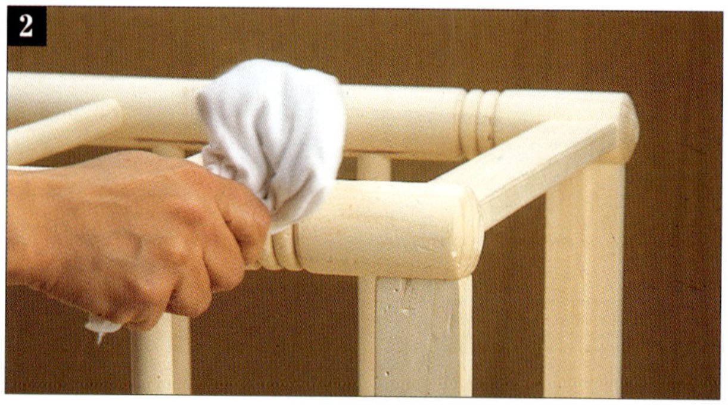

2 Se golpea, con distinta intensidad, diversos puntos de la silla para que los efectos no queden demasiado uniformes, y se simulan también los agujeros que deja la carcoma sobre la madera.

3 Con la ayuda de un cepillo metálico, se rascan y rayan los cantos y las esquinas para que parezcan desgastadas por el uso y el tiempo.

Si se desea conseguir efectos más exagerados, hay que frotar con mayor intensidad y en una superficie más amplia. Con un trapo se limpia el posible polvo que quede sobre la superficie de madera.

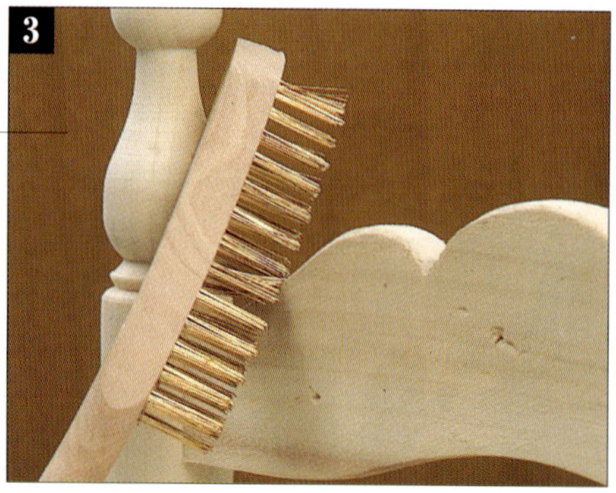

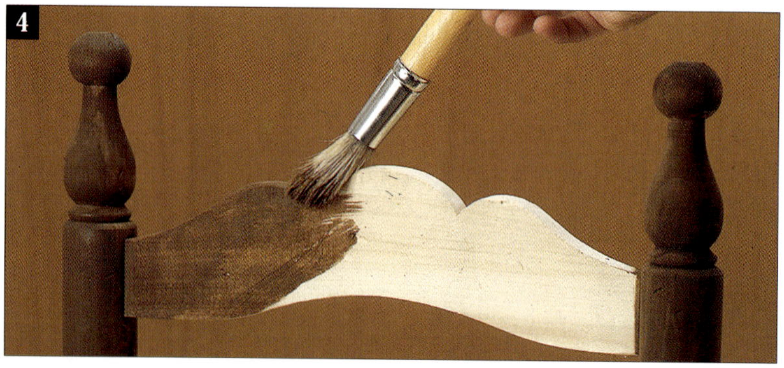

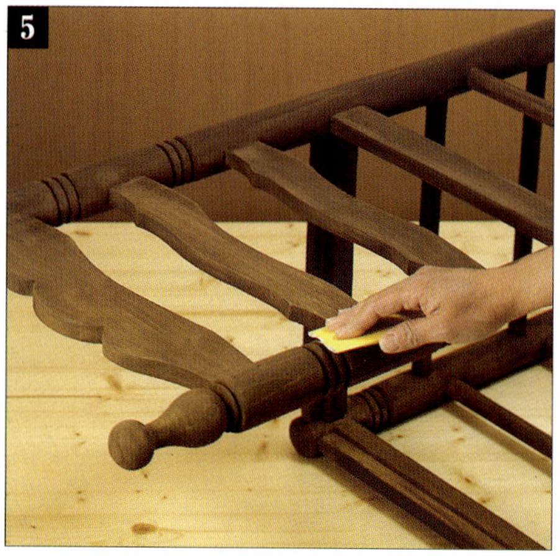

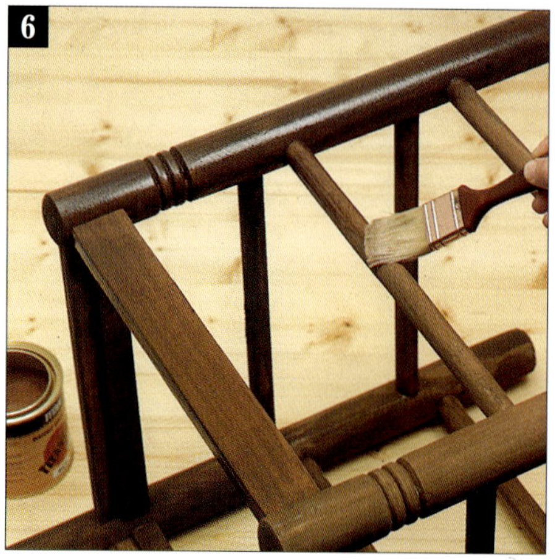

4 Se tiñe con la pátina al agua de color marrón toda la silla, aplicándola en capas finas y en la dirección de la veta de la madera. Se deja secar.

5 Cuando se tiñe madera con pátinas al agua quedan superficies un poco ásperas. Por este motivo, se alisa toda la superficie con una lija de grano medio.

6 Para proteger la superficie de la silla, se utiliza un barniz sintético mate, extendiéndolo bien con una paletina de pelo de cerda y cuidando que no queden goterones.

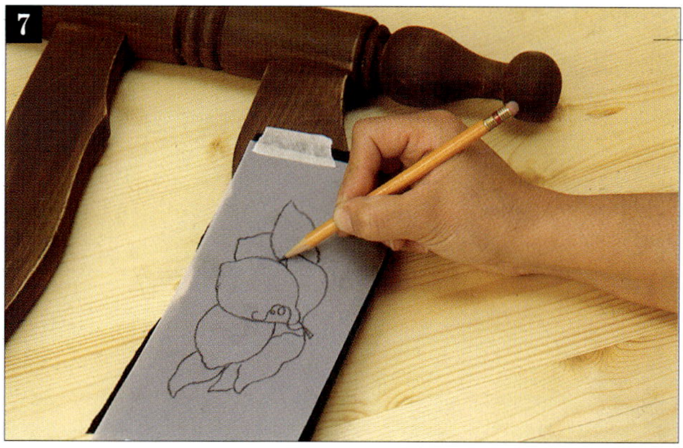

Existen varios colores de papel de calco. En superficies oscuras, es mejor utilizar los colores claros para que el dibujo se vea mejor.

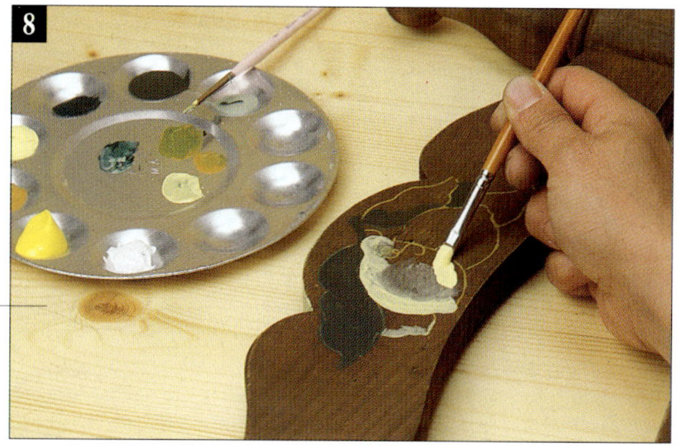

Se aconseja practicar sobre papel los colores y las formas que se quieren conseguir en esta decoración.

7 Se calca sobre papel vegetal el dibujo escogido y se traspasa con papel de calco amarillo sobre el respaldo de la silla. Se utiliza un lápiz de mina blanda para no rayar la superficie, el dibujo se fija con cinta adhesiva.

8 Una vez calcado el dibujo sobre la silla, se va pintando el motivo con capas ligeras de pintura y, poco a poco, se va sombreando y dando luces para que adquiera volumen.

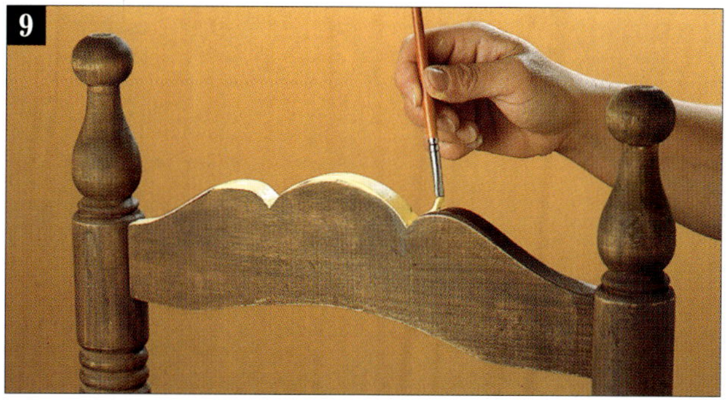

9 Con el color amarillo limón se pintan algunos detalles de la silla para conseguir un trabajo más artesanal; en este caso, la parte superior del respaldo. Se deja secar.

Es recomendable utilizar guantes de látex para trabajar con la pátina de cera con betún de Judea. Si una vez seco, el trabajo ha quedado demasiado oscuro, se puede aclarar el envejecido con cera incolora y un trapo, frotando muy suavemente hasta conseguir el tono deseado.

Si se quiere conseguir un efecto más viejo, también se puede lijar de forma desigual el dibujo de los limones.

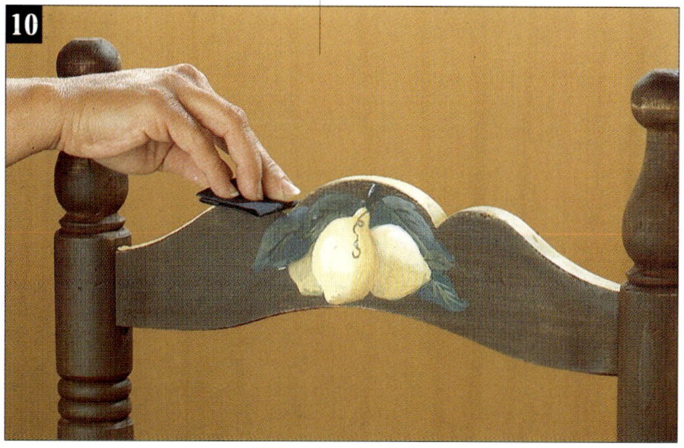

10 Para conseguir un efecto más viejo hay que desgastar las partes pintadas en amarillo con la lija de grano fino. Se vuelve a barnizar toda la silla, sobre todo las partes que se pintaron en el último paso con barniz sintético mate. Se deja secar bien durante aproximadamente 24 horas.

11 Con la pátina de envejecer de cera con betún de Judea, se va oscureciendo por zonas todo el objeto de forma desigual. Antes de que se seque, se suavizan los efectos eliminando el exceso de pátina con un trapo de algodón, dando golpecitos suaves y dejando el envejecido de forma desigual. Se deja secar.

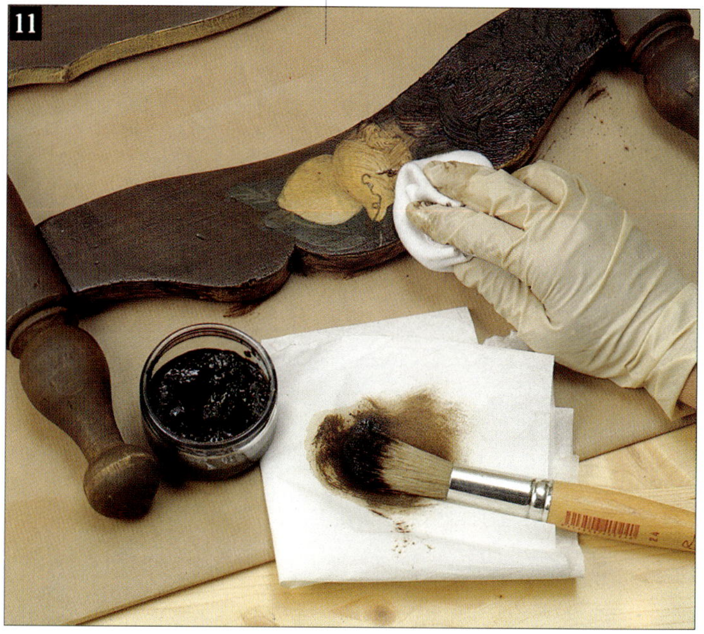

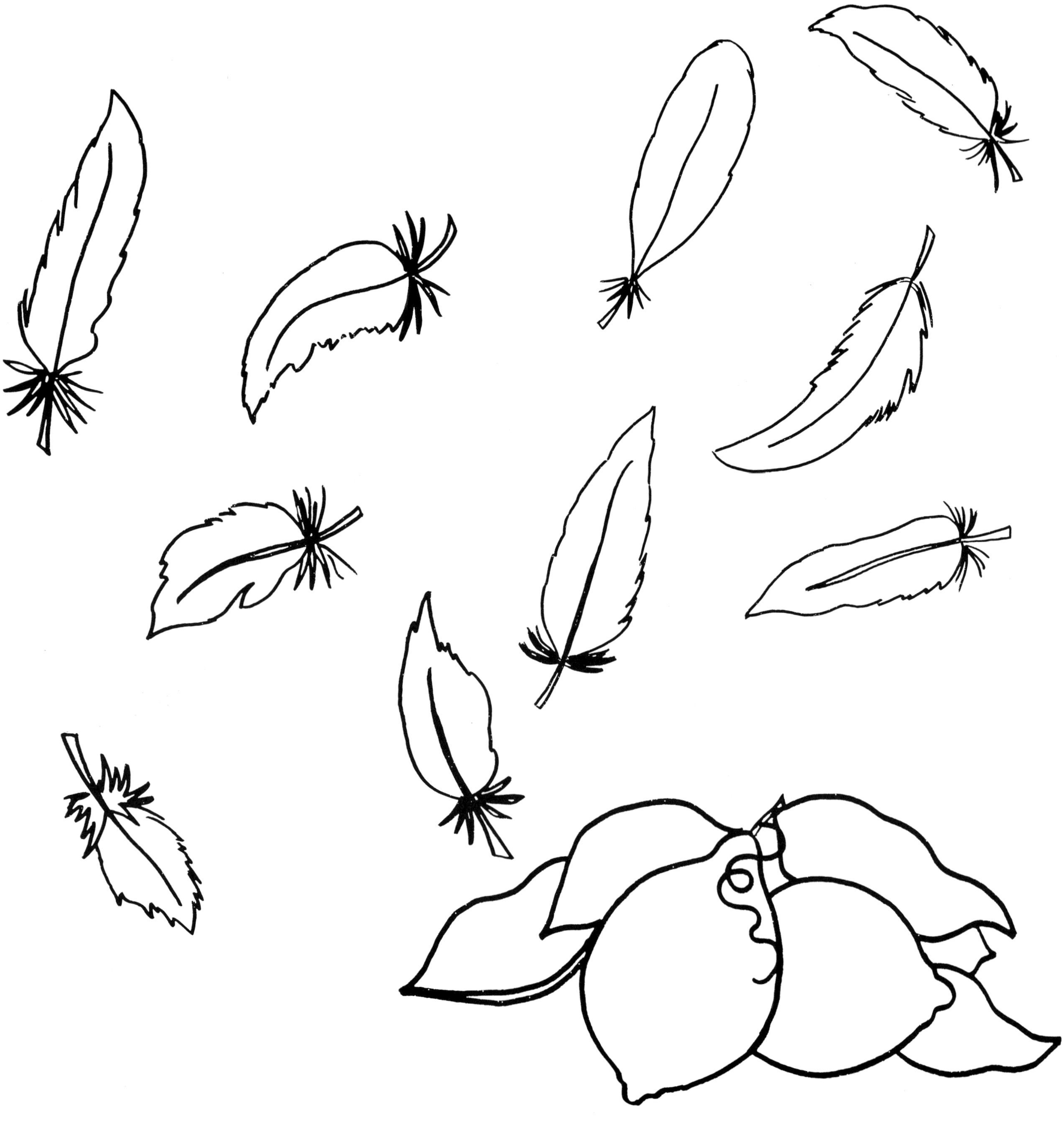

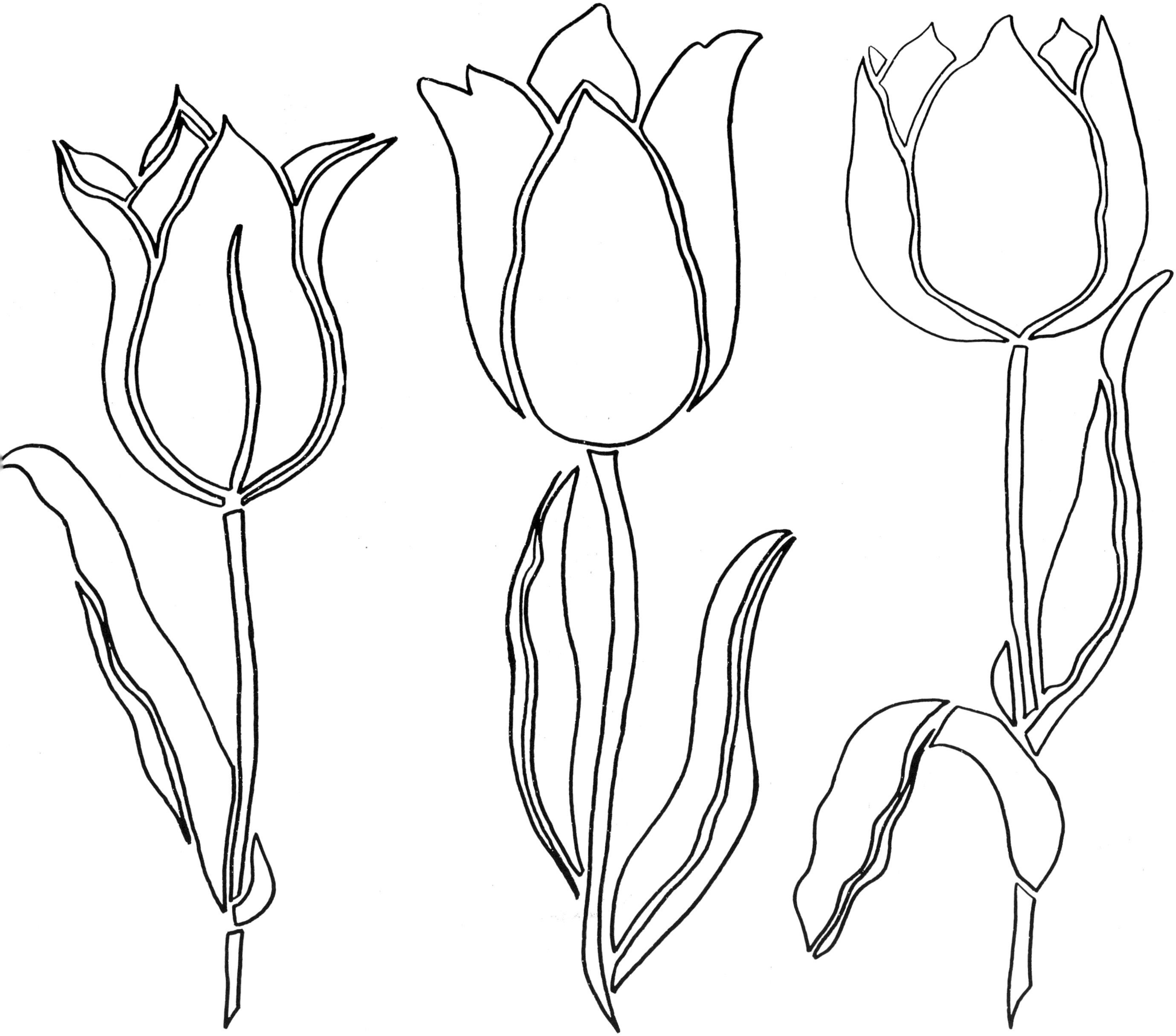

Agradecimientos

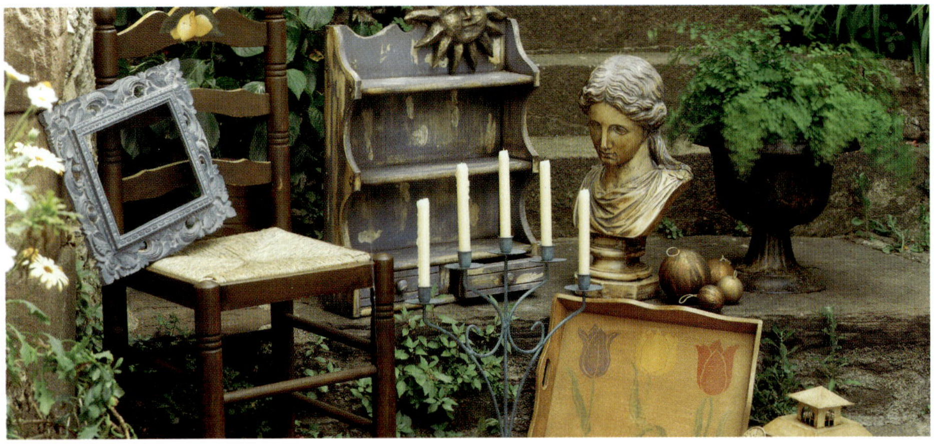

A mi familia por su apoyo permanente.

A la escuela EPSAR por su ayuda constante para llevar a cabo este proyecto. A Parramón Ediciones, S.A. por su apoyo y colaboración, especialmente a Adriana Berón.

También a los fotógrafos Robert y Elias de Estudio Salomó, por su disponibilidad, simpatía e interés a lo largo del proceso fotográfico. A Mireia Torres Martínez por su colaboración con los textos.

A mis amigos Remei Casas y Tomás Pou por cederme sus casas para fotografiar.

Asimismo, quiero agradecer en nombre de Parramón Ediciones y en el mío a una serie de firmas la gentil cesión de sus materiales. Su valiosa colaboración ha sido decisiva en la edición del presente libro:

Droguería Camps
Floridablanca, 112 08015 Barcelona

La casa de la pintura
Provença, 71 08029 Barcelona

Casa Piera
Galileo, 309 08028 Barcelona

EPSAR Escola Professional Superior d'Art i Restauració
Mallorca, 103 08029 Barcelona

Praia Artículos Textiles, S.A.
Pasaje Coromines, s/n 08540 Centelles (Barcelona)

Cesteria Daltell
Borrell, 69 08015 Barcelona

MIR
Carretera del Mig, 203 08907 L'Hospitalet (Barcelona)

Art Mat
Dr. José Castell, 16 08830 Sant Boi del Llobregat (Barcelona)

La Perla Gris
Rosselló, 220 08008 Barcelona

Konema
Consell de Cent, 296 08007 Barcelona

Talens, S.A.
Salvador Espriu, 5-7 08908 L'Hospitalet (Barcelona)

Ikea
Polígono Montigalá-Batlloria
Luxemburgo, s/n 08917 Badalona (Barcelona)

Acrylicos Vallejo, S.L.
Polígono Sant Jordi c/ Eusebio Millán, 14
08800 Vilanova i la Geltrú (Barcelona)